LAS ENTRAÑAS
DEL LEÓN NEGRO

LAS ENTRAÑAS DEL LEÓN NEGRO

Historia del grupo político
más poderoso de Jalisco

Luis Cisneros Quirarte

Edición del autor

CONTENIDO

En memoria del Profesor Miguel Ramos Villarruel
y Lupita López de Ramos, mis padrinos;

en el nonagésimo año de vida de mi padre.

Para Yuliana, Paulina,
Kehily y Deborah

A Matthew

Sun Tzu dice: la guerra es de vital importancia para el Estado; es el dominio
de la vida o de la muerte, el camino hacia la supervivencia o la pérdida del
Imperio: es forzoso manejarla bien. No reflexionar seriamente sobre todo lo
que le concierne es dar prueba de una culpable indiferencia en lo que respecta a la conservación o pérdida de lo que nos es más querido; y ello no debe
ocurrir entre nosotros.

Sun Tzu. *El arte de la guerra.*

Los que quieren lograr la gracia de un príncipe tienen la costumbre de pre-
sentarle las cosas que se reputan como que le son más agradables, o en cuya
posesión se sabe que él se complace más. Le ofrecen en su consecuencia: los
unos, caballos; los otros, armas; cuáles, telas de oro; varios, piedras preciosas
u otros objetos igualmente dignos de su grandeza.

Queriendo presentar yo mismo a Vuestra Magnificencia alguna ofrenda
que pudiera probarle todo mi rendimiento para con ella, no he hallado, entre
las cosas que poseo, ninguna que me sea más querida, y de que haga yo más
caso, que mi conocimiento de la conducta de los mayores estadistas que han
existido. No he podido adquirir este conocimiento más que con una dilatada
experiencia de las horrendas vicisitudes políticas de nuestra edad, y por medio
de una continuada lectura de las antiguas historias. Después de haber examina-
do por mucho tiempo las acciones de aquellos hombres, y meditándolas con la
más seria atención, he encerrado el resultado de esta penosa y profunda tarea
en un reducido volumen; y el cual remito a Vuestra Magnificencia.

Nicolás Maquiavelo, *El Príncipe,*
en su dedicatoria a Lorenzo de Médicis.

Cuando se juega el juego de tronos, solo se puede ganar o morir. No hay puntos
intermedios.

George R. R. Martin. *Juego de Tronos.*

PREFACIO

Desde su fundación bajo el auspicio de Fray Antonio Alcalde y Barriga en 1791 como Real y Literaria Universidad de Guadalajara, pero sobre todo a partir de su reapertura por los regímenes de la Revolución Mexicana en 1925, la historia de la Universidad de Guadalajara está entrelazada a la de Jalisco. La suya es también la crónica de México, desde la Colonia hasta la contemporaneidad.

Por supuesto el ámbito político no ha sido la excepción. La consolidación del régimen postrevolucionario en el país y en la entidad misma y la eventual hegemonía priísta, iría de la mano del devenir universitario y la lucha por el poder al interior de sus claustros.

Dicha historia, luego entonces, es también una microhistoria que retrata la política real en el país: una puerta para conocer las entrañas del poder.

El Grupo Universidad —o como también se le conoce: el Grupo UdeG, por las siglas de la Universidad de Guadalajara y que constituye la base de su fuerza— es la facción más pujante del occidente de México. Incuestionablemente. Con sucesivas mutaciones pero desde su origen, cuya traza histórica nos lleva más de un siglo atrás al Centro Bohemio de José Guadalupe Zuno, el clan ha sido siempre un elemento relevante de poder regional.

Nunca sin embargo, había tenido tanta preponderancia como la alcanzada en marzo de 2013, cuando después de dieciocho años de gobiernos panistas, el PRI, con apoyo del Grupo UdeG, recupera Jalisco. Al iniciar la administración, en el gabinete del gobernador Jorge Aristóteles Sandoval Díaz los universitarios tenían a uno de los suyos como secretario de Planeación, Administración y Finanzas (Ricardo Villanueva Lomelí); suya era la Secretaría de Salud (Jaime Agustín González Álvarez); la de Cultura (Myriam Vachez Plagnol); la de Innovación, Ciencia y Tecnología (cuyo titular, Jaime Reyes Robles, si bien no era integrante del Grupo, sí buena parte de los mandos medios de la dependencia); y el OPD Hospitales Civiles de Guadalajara (Héctor Raúl Pérez Gómez).

Tenían dos diputaciones locales con las siglas del PRI (Trinidad Padilla López y Jaime Prieto Pérez); y otras dos con las del PRD (Enrique Velázquez y Celia Fausto). En el congreso federal, los diputados priístas Leobardo Alcalá Padilla y Patricia Ratamoza Vega (secretaria de la Comisión de Presupuesto y Cuenta Pública y la de Ciencia y Tecnología), así como el perredista Roberto López (secretario de la Comisión de Cultura y Cinematografía y vocal en Educación Pública y Servicios Educativos), respondían directamente al Grupo. El diputado federal por el Partido Verde, Enrique Aubry, era aliado cercano, como también el senador panista José María Martínez.

La secretaría general del PRI en Jalisco era suya (Patricia Ratamoza). También la dirigencia estatal del PRD (su presidente Juan Carlos Guerrero Fausto). Contaba con magistrados afines en el supremo tribunal de Justicia, consejeros de la Judicatura y juzgadores en el Judicial; leales universitarios en el instituto y tribunales electorales; en el Instituto de Transparencia e Información Pública; articulistas en los medios y líderes de opinión; organizaciones ciudadanas alineadas.

Y todo ello externo a su verdadera fuente de poder. La universidad. Con una matrícula superior a los cien mil estudiantes de nivel superior y un tanto más en bachillerato. Casi ocho mil quinientos docentes. Con once mil quinientos millones de pesos a ejercer como presupuesto aquel año: en comparación, el gobierno del Estado estimó en setecientos mil seiscientos millones sus ingresos entonces, es decir, la UdeG ejerció casi el quince por ciento de lo presupuestado por toda la administración pública estatal.

La organizadora de la Feria Internacional del Libro, el evento literario más importante de latinoamericana y en el mundo de las letras hispanas. Del Festival Internacional de Cine en Guadalajara. Administradora del Centro Cultural Diana y del Auditorio Telmex. Un canal propio de televisión, además de la añeja frecuencia en la radio. Propietaria del Club Leones Negros, equipo de fútbol profesional que ese mismo año lograba el campeonato de la liga de ascenso para eventualmente disputar —y conseguir— el ingreso al máximo circuito del deporte más popular entre los mexicanos.

Desde la reforma de 1994 la universidad ha logrado presencia en la totalidad de las regiones del estado, con nueve centros académicos: CUCosta en Puerto Vallarta, CUCosta Sur en Autlán de Navarro, CUSur en Ciudad Guzmán, CUCiénega en Ocotlán, CUAltos en Tepatitlán de Morelos, CUValles en Ameca, CUNorte en Colotlán, CULagos en Lagos de Moreno y CUTonalá.

Pero, como hemos señalado, no se trata de una camarilla que meramente domine la política universitaria dentro de los linderos de los campus. Estamos ante algo más.

La política la hacen los individuos, claro: individuos ambiciosos o altruistas; hambrientos de poder, de fama, placeres, dinero o simplemente de ayudar a los demás; quizá afanosos de trascendencia, de escribir sus nombres en la historia; pero un individuo, por genial o talentoso que sea, no trasciende solo —en soledad— en la política; su definición y objeto remite a una colectividad: se domina a los demás: se ejerce la autoridad sobre una comuna. La polis —la comunidad de leyes— es una estructura de poder.

El derrotero del poder está colmado de obstáculos, con adversarios prestos a casi o cualquier cosa: el actor individual —el político— deberá pertenecer a un clan, una tribu, una facción que lo arrope, alimente y proteja, a cambio, claro está, de su sumisión a las pautas del colectivo; de otro modo, apenas dará unos pasos y será engullido. Por eso los verdaderos actores de la política, sus hacedores, son los grupos o facciones. Ni siquiera los partidos políticos, meros instrumentos en la reyerta por el mando; útiles y necesarios, imprescindibles si se quiere, pero desechables al cabo. Los partidos políticos son el medio y nunca un fin en sí mismo.

Los partidos políticos son, entonces, escenarios de contienda en dos niveles: pelean con otros partidos por los cargos públicos y, al mismo tiempo, en su seno albergan contiendas igualmente intensas entre sus militantes por el control de los recursos partidarios.

La literatura de ciencia política es muy pródiga en el estudio de los grupos y las facciones *intra*-partidistas. Giovanni Sartori. Angelo Panebianco. No así, en la cuestión de aquellas camarillas que rebasan el borde de las siglas de un solo instituto. El concepto de facción *transpartidaria* —o *inter*-partidista—, que ya hemos propuesto en otro trabajo (*"La lucha de facciones y la transformación del sistema político mexicano"*, publicado por El Colegio de Jalisco), implica una nueva categoría de análisis que nos puede ser muy útil para comprender este fenómeno. En aquellas líneas adelantamos ese término en referencia al PRI-AN, esto es, la sociedad entre el salinismo priísta y personajes panistas como Diego Fernández de Ceballos, misma que se ha mantenido durante casi tres décadas con los mismos y/u otros personeros. Pero en el supuesto del Grupo UdeG nos encontramos ante una facción transpartaria *pura*, con una característica además muy particular: no tiene su origen en el seno de un partido, sino que surge de una institución educativa, y ni siquiera de su instancia administrativa, sino de una organización estudiantil, para colonizar, primero, la casa de estudios, y después, tramos del sistema de partidos en Jalisco.

El Grupo es una facción minoritaria pero significativa en el PRI local y con espacios propios de interlocución con el PRI nacional; una facción hegemónica en el PRD de la entidad; con vasos comunicantes entre facciones del PAN y el PVEM; valiéndose de lo cual ha logrado controlar tramos de autoridad —como hemos visto— en secretarías y dependencias del gobierno estatal, el Congreso y el Judicial, amén de manejar en los hechos la política cultural del Estado, y de reiterada presencia (ya sea por la vía del PRI o del PRD) en las comisiones en materia educativa de la cámara de diputados de la federación.

Hobbes utilizó la referencia al monstruo marino bíblico —el Leviatán: que para los Padres de la Iglesia simbolizaba al demonio o enemigo de las almas— para aludir al dominio de los pocos sobre los muchos: el Estado. Una no muy velada alusión al carácter descarnado, monstruoso, satánico (en su antagonismo a la bondad que suele atribuirse a lo divino) de esa dominación. El hombre es el lobo del hombre y el Estado está allí para evitar que la humanidad se devore a sí misma.

Una variedad muy específica de leviatán es el estado surgido después de la revolución armada que inició en 1910 en México y que concluiría con los sucesivos gobiernos constitucionalistas de Venustiano Carranza Garza (1917-1920), Álvaro Obregón Salido (1920-1924) y Plutarco Elías Calles (1924-1928).

Justamente, Calles será el estadista que dé forma y espíritu al Leviatán mexicano del siglo veinte: el Partido-sistema/gobierno:

el Partido de la Revolución. Una trinidad no-santa en la que sistema político, gobierno y partido son las tres personas de un único Ser, que encarna en el presidente de la República en turno, el cual, después de seis años de omnipotencia, crea del polvo con un soplo a su imagen y semejanza a aquel que habrá de ocupar su lugar, el nuevo redentor, en una auto inmolación obligada que evoca al culto precolombino a Tezcatlipoca, en el que los sacrificios humanos preservaban al universo de su destrucción y aseguraban la supervivencia del sol y de la vida misma.

En efecto, después del caos de la lucha armada revolucionaria —el estado de guerra hobbesiano—, era necesario una autoridad que se impusiera sobre las facciones combatientes y sus recurrentes asonadas militares. La piedra angular sobre la que se sostendrá la estructura de poder más trascendente de México fue un magnicidio y la crisis política que provocó: el asesinato de Álvaro Obregón en 1928, entonces presidente electo para un segundo periodo de gobierno de una Revolución que, paradójicamente, había sido convocada por Francisco I. Madero bajo la consigna de la "no reelección".

Muerto el caudillo, Calles convoca a las diferentes facciones revolucionarias y a los cacicazgos regionales a integrarse en un partido político nacional. El Partido Nacional Revolucionario —PNR— nace en 1929 para consolidar la hegemonía del grupo político-militar que llegó al poder tras la Revolución y la sobrevivió, y establecer las reglas para su reparto y transmisión pacífica, siempre entre sus miembros. Así concluye la disputa mediante las armas y se institucionaliza la lucha política, por cauces pacíficos.

Quedaba así montado el andamiaje de lo que después de unos pocos años sería el todopoderoso PRI —el Leviatán— que gobernará ininterrumpidamente México durante setenta y un años, y, después de doce años de breve exilio al iniciar el milenio, regresaría a la presidencia de la República al menos otros seis más.

Cabe hacer una precisión entre el sistema político formal —el sistema de gobierno y las instituciones que se le derivan— y el sistema político, digamos, informal —o sea, el sistema político formal o de gobierno en su interacción con la turba de grupos de interés que de una u otra manera buscan incidir en él.

El concepto de aparato de dominación nos permitirá discernir entre ambos. El sistema de gobierno remite a la disposición jurídico-constitucional o *forma* de gobierno: el deber ser del texto constitucional.

Un sistema político *factual*, por el contrario, si bien procede del texto constitucional, no se agota en su literalidad: es algo más complejo que la mera expresión puntual de la ley. No hay un precepto constitucional de referencia, al menos no al pie de la letra. Obedece más a prácticas y a códigos no escritos.

El aparato de dominación será entonces, el esquema de reglas, tanto formales como informales, mediante el cual se ejerce el poder en una demarcación.

Por ejemplo, el sistema de gobierno vigente en México, atendiendo al marco constitucional, es republicano, democrático y federal. En los hechos, durante las décadas de hegemonía priísta México no fue ni lo uno ni lo otro: no existía verdadera separación de poderes (legislativo y judicial estaban supeditados *fácticamente* al ejecutivo) y tampoco elecciones cuyos resultados fueran irrestrictamente respetados (dada la proverbial alquimia electoral del PRI). No era federalista tampoco; el presidente de la República tenía facultades plenas sobre los gobernadores de los estados y ellos a su vez las tenían sobre los presidentes municipales, supuestamente autónomos.

Luego entonces el régimen, el PRI-Gobierno, el "Sistema", para todos los fines prácticos era en realidad una *monarquía*, ciertamente con el límite temporal del *sexenio*, mas, como corresponde al principio monárquico, hereditaria: el presidente de México, invariablemente priísta, no podía reelegirse —pecado de origen— pero sí que tenía la facultad unipersonal de designar a su sucesor.

El Partido era el instrumento que permitía dicha transmutación de regímenes: de un sistema de gobierno formalmente republicano a una monarquía fáctica; de una democracia electiva a una en la que el mando se hereda por decisión de una sola persona; del federalismo al centralismo.

La hegemonía presidencial sobre el sistema se sostenía en la jefatura del presidente de la República sobre el Partido-Nación.

Eso era el PRI. Una maquinaria de dominación política y el conjunto de reglas y prácticas que la hacían posible. En suma, el PRI-Gobierno —el "Sistema"— era, y tal vez nunca dejó de ser (por supuesto con sus correspondientes mutaciones, en especial a partir de que el PRI perdió durante dos sexenios la presidencia de la

República y después cuando la recuperó, lo que hizo necesario ampliar la coalición de gobierno a otros partidos, como por ejemplo el PAN y más recientemente el PRD), es, pues, un régimen o arreglo institucional para la articulación de diversos actores nacionales; por supuesto de la clase política, incluida en esta categoría los cuadros gobernantes y aquellos aspirantes a serlo, ya sea desde el oficialismo o la oposición; incluyó también instancias corporativas para la cooptación de los liderazgos sindicales, agraristas, de burócratas y profesionistas, empresariales e incluso del comercio informal, periodistas, el ejército y las agencias de seguridad, y en un momento, hasta la delincuencia organizada; el sistema tenía además mecanismos de compensación para estudiantes e intelectuales, muchos de ellos formalmente opuestos al propio régimen; y canales de interlocución con los ministros religiosos de diversas denominaciones, pero sobre todo de la iglesia católica.

El PRI-sistema sería así un constructo de control y gestión del poder público, cuyo vértice era —sigue siendo— la presidencia de la República.

Que se desdobla en círculos igualmente concéntricos de poder: una miríada de micro-presidencialismos en los gobiernos estatales y municipales, en partidos "de oposición", en sindicatos obreros y patronales; el PRI y todos esos *miniPries* —simbiontes—, cada uno usufructuando su parcela en el cumplimiento de esa parte de responsabilidad de Estado a la que contribuye; todos ellos insertos en la dualidad de ser al mismo tiempo mecanismos de control y espacios de interlocución, en una dialéctica peculiarísima de autoritarismo y legítima representación. El límite sexenal no aplica para los corporativismos micro: lo relevante no era la rotación de las élites del ámbito, sino la garantía del esquema de dominación sobre el feudo asignado. El adecuado funcionamiento del engranaje menor para que la máquina —el Leviatán— no cese en su marcha.

En este desdoblamiento encontramos al micro-presidencialismo gestado en la Universidad de Guadalajara, en la dual y simultánea consolidación del régimen priísta en el plano nacional y de la hegemonía del Grupo UDEG en lo local.

La comprensión cabal del sistema político mexicano en sus diferentes etapas históricas demanda su lectura en dos sentidos: de arriba hacia abajo, como lo hemos trazado en estas líneas, es decir, del presidente del país al partido y de allí a los estados y luego el aterrizaje en los grupos locales. Pero también en sentido contrario, de abajo hacia arriba, de los grupos locales hasta la jefatura del Ejecutivo Federal.

Pues así como la historia nacional tiene su impronta sobre la local, también muchos de los hechos vividos al interior de los estados llegaron a tener un impacto definitivo en la crónica nacional, algunos de cuyos casos veremos en estas páginas: la historia de la política en la UdeG no se explica a plenitud, evidentemente, sin el contexto del sistema político en que se inserta; pero también, y de allí la relevancia de la relatoría universitaria, aquella no se entenderá a plenitud sin tomar en cuenta las aportaciones que a la conformación misma del sistema político ha hecho históricamente la universidad jalisciense.

Gobernadores van y vienen, de un signo partidista y otro, políticos se encumbran y caen, el PRI fue derrotado y regresó, la alternancia panista llegó y se fue, y el Grupo Universidad se sostiene, incontestada su hegemonía dentro de la que es después de la Universidad Nacional Autónoma de México, la segunda institución educativa más importante en el país.

Y tal supremacía no obedece simplemente al hecho de ser el *alma mater* de la mayoría de los funcionarios de los gobiernos locales, por su carácter público. No. La explicación está en otro lado.

En el contexto de un régimen post-revolucionario *sui generis* priísta, un modelo corporativo, en donde a los actores políticos les era —les es— recompensada su utilidad para el funcionamiento del sistema; en un aparato estatal que por una parte canalizaba la demanda de sectores vastos de la población, como los trabajadores y los campesinos, a través de las organizaciones gremiales partidistas, al mismo tiempo que *modulaba* tales demandas y el eventual descontento a niveles manejables; y que recompensaba a los líderes que tuvieran la capacidad de *control* y también *interlocución* con los potenciales críticos u oponentes al régimen: los estudiantes eran por supuesto un segmento relevante de esos potenciales opositores.

En las escuelas y facultades públicas se forman los líderes políticos de las clases medias. Allí los partidos opositores al sistema buscaban reclutar sus cuadros. Así la universidad pública tenía una doble función para efectos del funcionamiento del sistema político priísta: conducir el ímpetu juvenil para que no se desbordara por cauces anti-sistema; y ser un espacio de reclutamiento de liderazgos y su cooptación —canalización— a través del partido oficial. Esto hizo el clan universitario en Jalisco durante décadas.

El otro elemento, lo que le ha permitido sobrevivir hasta la hostilidad de varios gobernadores y al menos un presidente de la República —como fue el caso de Luis Echeverría Álvaréz— es su cohesión, sus códigos, que han sido preservados más allá de sus integrantes y liderazgos en turno. El Grupo Universidad ha tenido diferentes configuraciones, y también ha padecido reveses, pero su sino común ha sido el hacer frente al poder estatal, por la negociación o por la fuerza, en sus cinco etapas históricas. La de José Guadalupe Zuno; la de Enrique Díaz de León; de Carlos Ramírez Ladewig; Álvaro Ramírez Ladewig; y la actual de Raúl Padilla López. Del Grupo Bohemio al FESO cardenista; la FEG priísta; la FEG antipriísta; y finalmente, la actual del omnipresente padillismo.

Cada etapa enfrentó sus rebeliones internas y el antagonismo exterior. Pero fue el entramado del Grupo, su compleja red de intereses compartidos lo que sacó adelante a sus líderes y prebendados: excepto cuando aquellos no lo consiguieron; de hecho, solamente hubo una transición de ruptura: la que va de Álvaro Ramírez a Raúl Padilla, en cuyo caso, el líder de antaño fue rebasado por el nuevo líder.

Odiado por sus adversarios, cautelosamente respetado por sus aliados, y en partes iguales venerado y temido por sus subordinados, Raúl Padilla López es una figura que cobra dimensiones de leyenda, quizá más negra que blanca, pero definitivamente nunca gris. Ningún personaje de la vida pública de Jalisco en las últimas tres décadas despierta tal vehemencia, en un sentido u otro. El antipadillismo ha resultado además ser una moneda políticamente rentable, a la que han recurrido en diferentes momentos personajes tan diversos como Emilio González Márquez, Carlos Briseño Torres y Enrique Alfaro Ramírez.

El liderazgo de Raúl Padilla es atípico respecto a sus antecesores en el Grupo. No solamente se ha mantenido al frente de la familia por más años que ninguno de ellos, sino que ha extendido su poder más allá de lo logrado por cualquiera, aprovechándose de la coyuntura histórica del resquebrajamiento del cuasi—totalitarismo priísta. Ha construido su imperio sobre la ruina de otros imperios: el deceso del nacionalismo revolucionario como ideología oficial (con el trasfondo gigantesco de la caída del comunismo en el tablero global); el ocaso del *hiperpresidencialismo* priísta en 2000; el fracaso de la transición democrática mexicana desde entonces; y seguramente sobrevivirá a una eventual crisis de la partidocracia vigente.

Hay, sin embargo, una frontera vedada al Grupo Universidad. La gubernatura de Jalisco.

Lo intentó primero Carlos Ramírez; Álvaro la quiso en la persona de Enrique Zambrano Villa; la buscó Raúl Padilla mismo y su hermano Trinidad; la tragedia de Carlos Briseño Torres no se explica sin esa huidiza aspiración. Que sigue evadiéndose, como cuando el clan se quedó a un paso de colocar a uno de los suyos en la antesala a la gubernatura —la alcaldía tapatía— en 2015.

A mediados de la década de los setenta el equipo de fútbol profesional de la Universidad de Guadalajara estuvo cerca de ascender a la primera división. Perdió la final. Sus dirigentes compraron una franquicia del circuito mayor y armaron un conjunto con refuerzos brasileños, que por la tonalidad de su piel y por lo abultado de su rizada cabellera, como se estilaba entonces, fueron llamados leones negros. Que inclusive disputó en su segundo año una final al América de la empresa de comunicaciones Televisa, y otra más a los Pumas de la Universidad Nacional Autónoma de México, perdiendo ambas.

El apelativo *Leones Negros* se aplicó a la escuadra. Y si bien el equipo desapareció durante varios años, echó raíces en la comunidad universitaria.

El Grupo Universidad es el león negro.

La fiera y dominante bestia, tranquila, soberana, que hace uso de la fuerza cuando tiene que hacerlo.

Las páginas siguientes son una crónica y también un análisis. Desentrañar al león negro.

Escudriñar las vísceras de la facción política más poderosa de Jalisco y del occidente del país.

Paradoja. En el mundo académico —la jungla universitaria—, donde los doctorados y las maestrías son trofeo, símbolo de estatus, es Raúl Padilla, a quien todos llaman, solícitos, *licenciado*, el rey león.

CAPÍTULO 1. EL HEREDERO

> Todos los Estados, todas las dominaciones que han ejercido y ejercen soberanía sobre los hombres, han sido y son repúblicas o principados. Los principados son, o hereditarios, cuando una misma familia ha reinado en ellos largo tiempo, o nuevos. Los nuevos, o lo son del todo, como lo fue Milán bajo Francisco Sforza, o son como miembros agregados al Estado hereditario del príncipe que los adquiere, como es el reino de Nápoles para el rey de España. Los dominios así adquiridos están acostumbrados a vivir bajo un príncipe o a ser libres; y se adquieren por las armas propias o por las ajenas, por la suerte o por la virtud.
>
> Nicolás Maquiavelo, El Príncipe. *De las distintas clases de principados y de la forma en que se adquieren.*

Durante los seis años en que ocupó la secretaría general de la Universidad de Guadalajara, es decir, la segunda posición en importancia dentro de la jerarquía universitaria —la formal, Carlos Briseño Torres fue el más vocal y activo antagonista del Partido Acción Nacional, dada la también muy pública pretensión del gobierno panista y la dirigencia del partido de auditar las finanzas de la Universidad. Ellos —los líderes panistas en Jalisco—, deslizaban sus sospechas de malos manejos financieros para golpear políticamente a la parcialidad que mantiene el control sobre la universidad pública, el Grupo UDEG y del que Briseño era connotado miembro. Briseño Torres, en respuesta, los acusaba de pertenecer al Yunque, una cofradía secreta ultra católica, y de atentar contra la educación pública con fines inconfesables.

Era el año 2006, y Briseño había sido en forma por demás visible el principal promotor de Arturo Zamora Jiménez, alcalde de Zapopan, para lograr la candidatura del PRI al gobierno jalisciense. Lo cual le había ocasionado críticas públicas del panismo, cuyo candidato Emilio González Márquez, presidente municipal de Guadalajara, acusaba a la universidad de actuar como "perro de ataque de Zamora y el PRI". Arturo Zamora era la apuesta del Grupo para llevar a la primera magistratura del estado a un aliado, después de doce años de enfrentar la hostilidad de las administraciones blanquiazules, de marchas y manifestaciones para reclamar mayor presupuesto para la educación superior, de intentos y amagos de auditorías y descalificaciones públicas por parte del gobierno y los dirigentes de Acción Nacional.

Ya postulado Zamora Jiménez, Briseño Torres fungía como enlace del Grupo en la campaña, y como tal, entregado de lleno a la misma. Su activismo tensaría aún más la relación de los panistas y su abanderado con los udeGeístas. El dirigente estatal, Eduardo Rosales, declaró que su partido consideraba "incompatible el cargo de secretario general de la universidad con andar de negociador estrella de Arturo Zamora", a propósito de gestiones hechas para fortalecer su candidatura.

El propio Emilio González acusaría "al grupo político que controla a la universidad" de ser culpables del "nulo crecimiento de la matrícula universitaria", señalándolo como una "burguesía dorada que pretende apoderarse del estado, como ya lo hizo con la universidad y algunos partidos políticos, del PRD y del PRI, a través de sus candidatos Zamora y Leobardo Alcalá", este último postulante priísta a la alcaldía tapatía e integrante del clan. *¿Por qué hay 40 mil jóvenes rechazados, por qué no hay mayor alumnado?*, preguntaba ante los medios de comunicación el candidato panista.

Y siempre fue Briseño Torres el responsable de responder los ataques a la institución.

Por eso causaría extrañeza que un año después de tan intenso intercambio de epítetos, el 23 de abril de 2007, durante un evento conmemorativo del día internacional del libro, en la rampla universitaria descendiera un helicóptero en el que amistosamente viajaban Carlos Briseño y Emilio González, ya en sus respectivos roles de rector general de la Universidad de Guadalajara y gobernador de Jalisco. Alimentando especulaciones en el sentido de que, más allá de la relación institucional obligada, el principal aliado e instrumento de González Márquez para dividir al Grupo udeG y debilitar a su líder, el ex rector Raúl Padilla López, fuera precisamente Briseño, ahora en su nuevo encargo por decisión personalísima de Raúl Padilla.

¿Cómo se había llegado a eso?

Carlos Briseño era uno de los principales operadores, de toda la confianza, de Raúl Padilla López. Militó en el Partido Comunista en su juventud, antes de incorporarse a la Federación de Estudiantes de Guadalajara —la FEG—, la organización estudiantil que entonces regía los destinos de la universidad. Escuchaba trova cubana. Compitió por la presidencia de su escuela —la facultad de Economía— y aunque perdió, se incorporó al comité del presidente de la FEG en turno, Tonatiuh Bravo Padilla.

De hecho, impulsado por Tonatiuh Bravo, había aspirado a sucederlo como dirigente en 1989. Era el inicio de la gestión de Raúl Padilla como rector. En aquella ocasión, el joven Briseño contendía con Alfredo Peña Ramos, vicepresidente en el comité de Tonatiuh. Álvaro Ramírez Ladewig, jerarca del Grupo en aquel momento, sentenció a favor de un tercero, Oliverio Ramos Ramos. A partir de entonces, Briseño se acogió al liderazgo de Padilla. Fue su jefe de prensa durante el rectorado, y de la mano de Padilla sería rector del Centro Universitario de la Ciénega y luego secretario general de la Universidad.

Dieciocho años después de aquella aspiración juvenil, Tonatiuh, Peña y Briseño compiten de nuevo, esta vez por la rectoría.

Todos ellos leones negros de primera línea. Todos cabeza de sus respectivas camarillas internas, cuyos integrantes alimentaban sus muy personales ambiciones impulsando a sus jefes a ganar. Cada uno con su propia cadena de favores otorgados. Su red de alianzas. Conocedores de las reglas del juego. Sobre todo, la principal de ellas. Que el fallo inapelable respecto a quién será rector, le corresponde a una sola persona. Raúl Padilla López.

Carlos Briseño ya había aspirado a lo propio en el anterior proceso, en que fue electo Trinidad Padilla López, hermano de Raúl. Finalmente le había sido encomendada la secretaría general, con responsabilidades políticas específicas: hacer contrapeso al rector. Evidentemente atendiendo la consigna de Raúl Padilla, cuya hegemonía como líder del Grupo se soporta en un principio de política elemental: divide e impera. Cuidar los equilibrios del clan. Todos haciéndose lastre entre sí y ninguno creciendo por encima de los demás. Preservar el balance de poder, que por supuesto le favorece. Son preceptos de política con los que el cardenal Richelieu (quien por cierto además de estadista fue mecenas de artistas y fundador de la Academia Francesa) y el canciller Otto Von Bismarck, hicieron de sus correspondientes naciones, Francia y Alemania, el país dominante de la Europa continental en los siglos XVII y XIX respectivamente. *Raison d'etat* francesa y *realpolitik* prusiana. Centralizar la autoridad dentro del Estado. Dividir a los potenciales adversarios externos.

Una noche de trabajo hasta muy tarde, durante los días álgidos de la campaña de Zamora, en las oficinas de la secretaría general donde despachaba Carlos Briseño se presentó sin cita previa Emilio González. Extrañado, Briseño lo recibe. Emilio le dice, *Carlos, te he visto muy activo con Zamora. Tú quieres ser rector. Raúl nunca va a permitir que alguien cercano al gobernador sea rector. Te conviene que yo gane. Se que quieres más ser rector, de lo que quieres que Zamora sea gobernador. Entiendo que tengas que cumplir compromisos. Solamente no te involucres de más.*

El cálculo de Emilio González será certero. A Briseño le convendrá que el panista sea gobernador. Derrota a Zamora en la elección de julio de 2006. El PAN logra además la mayoría parlamentaria. Emilio comete entonces un error. Como gobernador electo, y antes de que el PAN asuma la mayoría en el congreso local, anuncia su intención de modificar la ley orgánica universitaria para obligarla a transparentar sus finanzas.

Briseño recibe la encomienda de articular una coalición legislativa entre el PRI y el PRD para *blindar* la ley orgánica, y que solamente a través de la mayoría calificada del parlamento, esto es, con el voto de las dos terceras partes del mismo y no solamente con la mayoría simple que ostentará el PAN, pueda reformarse la norma.

El Grupo sabe que enfrentará la hostilidad declarada de González y el PAN. Adelanta los comicios de rector.

Habrá otros cuadros universitarios con sobradas credenciales académicas. Carlos Briseño no es académico, sino político. Ya se enfrentó a Emilio candidato. Tendrá los arrestos para enfrentarlo gobernador.

Los tiempos reclaman un perfil como el suyo, que haga frente a la andanada que se prevé.

Tonatiuh es político también.

Su estilo es más sutil, más conciliador. A diferencia de Briseño, no es priísta: él es perredista. Como diputado federal, presidió la comisión de Educación, el más importante espacio logrado por los udeGeístas en el congreso de la Unión.

Bravo Padilla ha formado parte del padillismo incluso más tiempo que Briseño. Desde aquella época en que él mismo aspiró a ser presidente de la FEG y fue derrotado. Con las reglas con que se jugaban entonces, en 1983. Cuando el gran elector era Álvaro Ramírez Ladewig, *el ingeniero*.

En esos días, el llamado Grupo FEG-UdeG se integraba con los expresidentes fegistas y el titular en turno. Juntos deliberaban sobre los aspirantes a las sociedades de alumnos de facultades y preparatorias. Se repartían las escuelas, los directores, las prebendas. La última palabra la tenía Álvaro, quien a pesar de nunca haber sido presidente, heredó el caudillaje tras la muerte de su hermano Carlos, este último el primer dirigente fuerte —antes lo había sido sin fuerza alguna José García, de lo que era solamente un membrete— que tuvo la FEG.

La decisión más importante era la de quién habría de ser el candidato único a la presidencia de la organización. Eran tan solo dos años de gestión —eventualmente serían tres—, pero una membresía vitalicia al Grupo.

El primer candidato/presidente de la FEG designado por Álvaro será Raúl Padilla López. Dos años después, lo sucede Horacio García. A partir de entonces, Raúl y Horacio rivalizarán entre si por la influencia en el ánimo de Álvaro para imponer presidentes afines a ellos. Gilberto Parra sería el siguiente, sin alinearse con ninguno de los dos.

Después, compiten, por un lado Tonatiuh Bravo, apoyado tanto por Gilberto Parra como por Horacio García; y por el otro Trinidad Padilla.

Raúl logra que su hermano Trino sea el postulante.

Tonatiuh se resiente. Quiere dejar la FEG. Raúl lo convence de que no lo haga. Ambos hacen un pacto secreto. Tonatiuh seguirá militando dentro del equipo de Horacio, pero su lealtad está con Raúl, quien se compromete a apoyarlo en la próxima elección.

Raúl cumple con su palabra. Cuando dos años después el Grupo se reúne alrededor de Álvaro para deliberar, sorpresivamente Raúl y Trino se pronuncian por Tonatiuh, el candidato de Horacio. Horacio intuye que le han jugado mal, pero no le queda sino acatar. Tonatiuh será presidente de la FEG.

Tonatiuh Bravo es después de Raúl Padilla, el integrante del clan con mayor capacidad política y de interlocución. El rector del Centro Universitario de Ciencias Económicas y Administrativas, pese a ser perredista, es el aspirante al que los panistas quisieran ver como rector. Y lo hacen saber a través de trascendidos en los periódicos. Tonatiuh es también el universitario que mejor relación guarda con Andrés Manuel López Obrador, que por entonces disputaba en tribunales la presidencia de México, acusando al PAN y a Felipe Calderón de fraude electoral en su perjuicio. Esto es, se trata de un actor político con peso propio, quien, si la fortuna hubiera dado un vuelco, habría tenido una relación personal con el presidente de México.

Es precisamente esa capacidad política la que ha generado un mito alrededor suyo. Que si llegara a ser rector, dice el mito, Tonatiuh desplazaría a Raúl Padilla del mando.

Precisamente, como ellos —Raúl a la cabeza, ayudado por Trino y el mismo Tonatiuh— lo hicieron con Álvaro Ramírez Ladewig.

Raúl Padilla no está dispuesto a correr ese riego.

Se decide, sí, por un perfil político, pero uno de lealtad probada, absolutamente confiable.

Hay otra consideración. Carlos Briseño es un personaje polémico entre los propios udeGeístas: tiene diferencias con varios de ellos, que ven con recelo su empoderamiento; lo consideran mesiánico, con tendencia a la prepotencia. Es esta situación la que, paradójicamente, juega a su favor. Doblar las resistencias de los oponentes de Briseño es sencillo para Padilla. Sabe que Briseño, aún con las antipatías de los demás, le es incondicional. Y sabe también que, justo por esa animadversión, él seguirá siendo quien arbitre las rencillas que puedan surgir entre los universitarios y el rector, que para eso son los contrapesos.

Importa también la coyuntura. Raúl Padilla proyecta expandir su influencia a los Estados Unidos. Abrir un campus y la Feria del Libro en Los Angeles. Pero para ello necesita dejar a cargo de la universidad a alguien en quien depositar su confianza. Sobre todo ahora que se viene el embate panista con toda la fuerza del gobierno estatal.

Raúl se decanta por Briseño, precisamente por su combatividad frente al ánimo conciliatorio de Tonatiuh. Al final, la victoria del PAN, como lo profetizara González Márquez, fue también suya.

Claro está que en el juego de equilibrios, Alfredo Peña, enemigo declarado de Briseño en las *grillas* leoninas, ocupa la secretaría general.

La primera señal de que algo había fallado vino desde el primer día del rectorado de Briseño.

Toma protesta el primero de abril de 2007. *Una nueva era de la universidad ha iniciado,* anuncia en su discurso inaugural. *La primera era fue la de Zuno, la segunda la de Padilla. ¿La tercera es la suya?*

El nuevo rector señaló que:

> "En su época moderna, la Universidad de Guadalajara ha transitado por dos grandes etapas: la primera comenzó en 1925 con su reapertura promovida como dependencia del Ejecutivo por el gobernador José Guadalupe Zuno. La segunda, dio inicio en 1989 y fue impulsada por el entonces rector Raúl Padilla López. Implicó dos grandes cambios: el establecimiento de nuestra universidad como organismo con autonomía jurídica y su transformación en un modelo de Red con estructura académica departamental.
>
> " (...) Ahora el gran reto es que todos —*todos*— emprendamos una tercera gran etapa en la vida de nuestra institución. Este nuevo periodo [es] necesario, tanto por razones internas como por exigencias del entorno (...)."

Ya entonces señaló como *una acción prioritaria* "la reforma del bachillerato", para el logro de la cobertura universal; subyacente la crítica de que los recursos públicos se invertían en las empresas culturales universitarias y no para ampliar la cobertura en educación media superior: precisamente las acusaciones que Emilio candidato le había lanzado a la cúpula universitaria.

La tesis briseñista de las tres etapas en realidad es una simplificación.

Zuno en efecto fue el patrono de la era moderna; pero pasar por alto el papel que Enrique Díaz de León tuvo en ese trecho inicial, es no hacerle justicia a una personalidad igualmente definitiva en los anales facultativos; y omitir mencionar, así haya sido deliberadamente, a Carlos Ramírez Ladewig, denota la intención de hacer a un lado un periodo de la mayor trascendencia, que a partir de entonces se replicaría bajo tres diferentes liderazgos, el suyo propio —de Carlos Ramírez—, el de su hermano Álvaro y finalmente el de Raúl Padilla; como igualmente imperdonable es pretender olvidar la época negra de la universidad, la de las pistolas en las aulas y los muertos en las calles.

Y sí, la etapa contemporánea, la del patronazgo de Raúl Padilla López, que si bien da continuidad al modelo de gobierno *parauniversitario* diseñado por Carlos Ramírez, sí que transformó y modernizó a la UdeG. No solo eso. La convirtió en un ente de poder capaz de doblegar gobiernos estatales, sin importar su signo partidario.

El discurso de Briseño mandó un mensaje que no fue bien recibido por el Grupo. Sus malquerientes le llamaban traidor al oído de Raúl Padilla. Padilla confiaba plenamente en Carlos, o en todo caso, en su capacidad de acotarlo. Y aunque les aseguraba a los suyos que no había porqué desconfiar, sin duda algo se quebraba en la relación con su protegido.

CAPÍTULO 2. EL PATRIARCA

> Los hombres siguen casi siempre el camino abierto por otros y se empeñan en imitar las acciones de los demás. Y aunque no es posible seguir exactamente el mismo camino ni alcanzar la perfección del modelo, todo hombre prudente debe entrar en el camino seguido por los grandes e imitar a los que han sido excelsos, para que, si no los iguala en virtud, por lo menos se les acerque; y hacer como los arqueros experimentados, que, cuando tienen que dar en blanco muy lejano, y dado que conocen el alcance de su arma, apuntan por sobre él, no para llegar a tanta altura, sino para acertar donde se lo proponían con la ayuda de mira tan elevada.
>
> Nicolás Maquiavelo, El Príncipe. *De los principados nuevos que se adquieren con las propias armas y valor.*

En la arquitectura del poder universitario, José Guadalupe Zuno pone la primera piedra. Cabe el doble sentido: Zuno era masón, o lo que es lo mismo un constructor.

Como masón, era anticlerical. Y en esa línea, suscribía plenamente el ideario de la facción constitucionalista de la Revolución Mexicana, aquella encabezada por Venustiano Carranza, la cual a su vez retomaba los postulados liberales de los masones de la generación de Benito Juárez y la Constitución de 1857 que despojaba a la Iglesia Católica del poderío que había ostentado desde la Colonia Española.

Zuno, escritor y caricaturista, pintor diletante, crea el Centro Bohemio, un núcleo de intelectuales y artistas que deviene en camarilla. Lograrán diputaciones, colocar a uno de sus miembros en la alcaldía de Guadalajara y eventualmente llevar a Zuno a la gubernatura en 1924.

Zuno es liberal y masón por formación, y es revolucionario por ocasión. Sin haber sido partícipe de la lucha armada, Zuno arriba al poder de la mano del triunfo final de Álvaro Obregón, quien alcanza la presidencia de México tras derrotar militarmente a Victoriano Huerta, pero también a Emiliano Zapata, a Francisco Villa y por último a Venustiano Carranza.

La masonería tiene muy en claro que la fuerza de la Iglesia Católica —y de la religión en general— se sustenta en la instrucción de las conciencias. La educación temprana es la semilla de la personalidad del hombre y de las sociedades; quien controla la educación controla las mentes de los niños y los jóvenes. La formación de las élites, además, asegura la supervivencia del poder eclesiástico.

Esto lo sabían muy bien los jesuitas, la Compañía de Jesús que fundó Ignacio de Loyola precisamente con ese propósito, y que en la Nueva Galicia —comprendida por los actuales estados de Jalisco, Colima, Aguascalientes, San Luis Potosí, Nuevo León, Coahuila, Nayarit, Texas y parte de la Louisiana de los Estados Unidos—, abrió en 1586 el Colegio de Santo Tomás de Aquino para la enseñanza de las élites neogallegas.

Cuando por decisión del Rey Carlos III en 1767 los jesuitas fueron expulsados de España y de todos sus territorios, la diócesis local se hizo cargo de la función educativa en la Nueva España. El rey, déspota ilustrado, entendía la función estratégica de la educación, a la que quería dotar de un carácter más científico y menos religioso, laico, sometiendo las universidades españoles al patronazgo de la Corona.

En una de sus excursiones de cacería, Carlos III conoce la celda del convento donde vive y estudia, en la más completa austeridad, acompañado apenas por un crucifijo y una calavera, Antonio Alcalde y Barriga, a quien la historia conocerá por este hecho como el fraile de la calavera. Impresionado, lo envía al nuevo mundo y lo designa obispo de la diócesis de Yucatán. Unos años más tarde, en 1771, se hace cargo de la Diócesis de la Nueva Galicia. Fue el fundador de la instrucción primaria. Retoma además un propósito cuyo logro había venido impulsado durante casi un siglo el obispado y el ayuntamiento de Guadalajara: abrir una segunda universidad en tierras novohispanas.

Así, Alcalde y Barriga vence la oposición de la Real y Pontificia Universidad de México, cuyas autoridades consideraban innecesarios más claustros en las provincias, y consigue que Carlos IV emita el 26 de marzo de 1792 la cédula real que crea la Real y Literaria Universidad de Guadalajara. Se inaugura el 3 de noviembre de ese año, con las facultades de Artes, Teología, Derecho y Medicina, asentándose en el antiguo Colegio de Santo Tomás. Fray Alcalde no pudo acudir a su apertura. Murió el 7 de agosto de 1792.

Si la Colonia es la síntesis del espiritismo indígena y la religiosidad española —y la belicosidad de ambos—, nuestra Independencia es el corte del lazo umbilical con la madre España. La Reforma a su vez es el grito de rebelión adolescente ante el padre Iglesia: la importación del pensamiento libertario europeo y norteamericano, y el surgimiento de las logias masónicas portadoras de ese pensamiento.

Durante el convulso siglo diecinueve, las sucesivas guerras entre realistas y republicanos, centralistas y federalistas, conservadores y liberales, se verán reflejados en la Universidad de Guadalajara, que cierra y abre sus claustros, cambia su nombre y función; padece los vaivenes y la inestabilidad del siglo mexicano.

La Constitución de 1857 decretó la separación de la Iglesia y el Estado, e impuso su criterio en una guerra civil. Juárez y los liberales entienden que no podrá constituirse un Estado nacional sin lograr para sí la potestad de educar. La universidad tapatía católica— se clausura definitivamente: el adoctrinamiento de la juventud no podía estar en manos de sacerdotes. El Estado asume la educación superior y la imparte a través de liceos y escuelas profesionales.

Después de la estabilidad lograda por el porfirismo, restaurados gradualmente por omisión gubernamental los derechos de la Iglesia, la Revolución concretó en Jalisco el acotamiento definitivo del poder clerical iniciado por la Reforma. El clero tenía presencia en los sindicatos de las fábricas y en la educación en todos sus niveles; por ejemplo, el liceo católico y escuelas libres de Derecho e Ingeniería. En ese contexto se inscribe la figura de José Guadalupe Zuno Hernández.

Con el propósito expreso de recuperar y consolidar la tutela gubernamental en la educación superior, Zuno ordena la reapertura de la Universidad de Guadalajara el 12 de octubre de 1925. Su misión declarada: ser el instrumento para la superación de las clases populares, y por ende eje de la justicia social del ideario revolucionario. La cultura como herramienta emancipadora. Espacio de formación y superación para los hijos de obreros y campesinos. Abolir su carácter clasista, abiertas las aulas a la mujer. Con sentido popular, obrerista y antielitista. Un ambicioso programa de transformación social. El mismo Zuno sería el autor del lema que adoptaría la reabierta universidad: Piensa y Trabaja.

En ese momento histórico —la refundación— Zuno sintetiza el legado católico, el liberal y el revolucionario en una institución centenaria.

Pero la universidad era *solamente* uno de los pilares de la muy particular construcción de Zuno.

Los otros eran el control de los sindicatos obreros y de las ligas agrarias. La Iglesia tenía presencia en ambos. Los comunistas, tan en boga por el triunfo de la revolución bolchevique en Rusia, también procuraban crecer entre los trabajadores y los campesinos. Y acaso el entramado que Zuno construía hubiera culminado con éxito de no haber sido porque era también el proyecto de otro estadista que entonces sentaba las bases de su propio edificio de dominación. Plutarco Elías Calles.

Transcurrido el periodo de gobierno del general Álvaro Obregón, el triunfante caudillo de la Revolución le cede el mando a Plutarco Elías Calles —*la sombra del caudillo*—, con la encomienda implícita de reformar la Constitución para permitir la reelección, por supuesto la de Obregón. Calles cumpliría. Sin embargo, también aprovechará su periodo de gobierno para acomodar sus piezas en el tablero nacional y desplazar a los obregonistas, entre los cuales estaba Zuno.

En la disputa por el control de los sindicatos, Luis N. Morones, dirigente de la organización sindical más fuerte del país —la Confederación Regional Obrera Mexicana, CROM— entonces Secretario de Industria, Comercio y Trabajo y muy cercano aliado de Calles, enfrenta la oposición de Zuno. Será una lucha que, pese a lo que pudiera suponerse, no será tan desigual, en la que se echará mano de todos los recursos a disposición de los contendientes: el gobernador de Jalisco contra el presidente de México.

Tras una serie de maniobras tanto del congreso local, controlado por Zuno, como del congreso federal que obedece a Calles, este logra la renuncia de aquel. Elecciones ganadas a punta de pistola por los zunistas y dimisiones forzadas logradas por los callistas de por medio, federación y estado logran pactar un compromiso: Margarito Ramírez Miranda, obregonista, antiguo ferrocarrilero que durante la lucha armada salvó la vida de Álvaro Obregón al ocultarlo en los vagones de un tren, rescatándolo de la persecución de los carrancistas, será nombrado gobernador, con el consenso de Zuno y Calles.

Sin embargo, Margarito Ramírez abriga sus propias ambiciones, sin darse cuenta de que era utilizado por Calles para romper la unidad de la clase política jalisciense; enfrenta el caudillaje de Zuno en el estado, con la intención de cimentar el suyo propio.

Zuno se ve forzado a renunciar públicamente a la vida política e ingresa como estudiante de Derecho a la universidad que fundó.

Una vez logrado su propósito, Calles propicia la destitución de Ramírez y Margarito es obligado a renunciar.

Para entonces, la obra magna de Calles, el Partido Nacional Revolucionario, el partido de la Revolución Mexicana, —que desde entonces y con sus sucesivas versiones, el PRM y el PRI, gobernarían a México ininterrumpidamente durante setenta y un años— había nacido.

La era del maximato, la de la jefatura máxima de Calles comenzaba. En la que él decidiría por sí mismo a tres presidentes de la República, hasta que nombró a Lázaro Cárdenas.

La obra de Zuno, la Universidad de Guadalajara, sería lo que quedaría de aquel proyecto de poder —regional— desde Jalisco. El *proto-Grupo*, aquel que tuvo su primer expresión en el Centro Bohemio y que había colonizado los partidos políticos de entonces —tanto el Partido Liberal Jalisciense como después la Confederación de Partidos Revolucionarios de Jalisco— se había quebrado por dentro, para al final ser derrotado por una entidad externa, que se afianzaría definitivamente: el poder de la capital del país.

Quedaba la enseñanza, para quien quisiera tomarla.

CAPÍTULO 3. EL CRUZADO

> [Sobre los principados eclesiásticos] no hay dificultad ninguna más que para adquirir la posesión suya; porque hay necesidad, a este efecto, de valor o de una buena fortuna. No hay necesidad de uno ni otro para conservarlos; se sostiene uno en ellos por medio de instituciones, que fundadas antiguamente, son tan poderosas y tienen tales propiedades, que ellas conservan al príncipe en su Estado de cualquier modo que él proceda y se conduzca.
>
> Nicolás Maquiavelo, El Príncipe. *De los principados eclesiásticos.*

Plutarco Elías Calles era anticlerical absoluto. En ese sentido la afinidad con José Guadalupe Zuno debió ser natural. No pudo ser: la cercanía de Zuno con Obregón lo impidió.

El presidente Calles quería desmontar el obregonismo y crearse una estructura de poder afín a su persona. Zuno quería consolidar una base de poder regional desde la cual hacer frente al centralismo de la federación. Necesariamente el proyecto centralista de Calles entraba en oposición con el regionalista de Zuno.

Durante su presidencia, Calles, con apoyo de la CROM de Luis N. Morones, crea en 1925 —el mismo año de la fundación de la Universidad de Guadalajara— la Iglesia Católica Apostólica Mexicana, de carácter nacionalista, que desconoce al Papa y al Vaticano.

Un año después promulga la llamada Ley Calles, que establece sanciones penales restringiendo la práctica de los cultos católicos a los recintos. Daba además libertad a los estados de regular los requisitos para ser ministros religiosos, llegándose a extremos tales como el caso de Tabasco, en donde su gobernador exigía que los sacerdotes fueran casados.

Este intento del estado revolucionario de llevar su dominio al ámbito religioso —el último paso rumbo al totalitarismo— fue contestado al iniciar 1927 por un movimiento de rebelión guerrillera campesina que se asentó en Guanajuato, Jalisco, Querétaro, Aguascalientes, Nayarit, Colima, Michoacán y Zacatecas. Al grito de "Viva Cristo Rey", serían conocidos como "los Cristeros".

Finalmente, tras negociaciones entre la jerarquía eclesiástica y el gobierno mexicano —presidido entonces por el sucesor de Calles, Emilio Portes Gil— el conflicto llegó a su fin en 1929. La Iglesia Mexicana de Morones quedaba en el olvido y la administración mirará a otro lado cuando los católicos celebren sus festividades públicamente y sin intromisiones de la autoridad en sus prácticas internas.

Sin embargo, quedaba sembrada la desconfianza entre la feligresía del Bajío del país hacia el gobierno "ateo" y el partido del "jacobino" Calles. De esa geografía —Los Altos de Jalisco y los estados de Aguascalientes, Querétaro y Guanajuato—, surgiría una década más tarde el movimiento sinarquista, mismo que se definía como católico y anticomunista.

Los sinarquistas fundaron en la década de los setenta el Partido Demócrata Mexicano. En la elección presidencial de 1988, su dirigente nacional era un jalisciense, alteño, que años después sería gobernador bajo el auspicio de la siglas del PAN. Emilio González Márquez.

Emilio González y su principal consejero, Herbert Taylor, saben que para romper al Grupo UdeG tendrá que hacerse desde dentro. Juntos —Emilio y Herbert— han derrotado a todos sus rivales internos en el PAN. Sus maniobras superaron al anterior gobernador, Francisco Ramírez Acuña. Lo engañaron, con el propósito de lograr su apoyo para ser alcalde de Guadalajara, y después, postulado a sucederlo en la gubernatura. Emilio simuló serle leal y haber roto con Taylor, antiguo mentor político y presunto cofrade del Yunque, quien lo llevó al PAN rescatándolo del sinarquismo y por su parte enemigo jurado de Ramírez Acuña. Llegado el momento, ya siendo candidato a gobernador, González Márquez enseñó sus verdaderos afectos y lealtades, nombrando a Taylor su coordinador de campaña. Ramírez Acuña nunca se lo perdonaría.

Si en efecto ambos —Emilio y Herbert— pertenecen al Yunque, o si al menos es el caso de González, como se asegura, es difícil de saber, precisamente por la reserva a la que tal pertenencia obligaría.

Para muchos de sus correligionarios en el PAN, no obstante, la sospecha está mas que justificada en los dos casos, hasta atribuir muchos de los sucesos en la historia reciente de su partido en Jalisco, a la lucha de poder al interior del Yunque, entre Herbert Taylor por un lado, y otro personaje de corte ultraconservador que logró ser secretario de gobierno de dos diferentes administraciones estatales panistas, Fernando Guzmán Pérez-Peláez, quien lo fue de Alberto Cárdenas Jiménez y lo sería después con Emilio González, por el otro. De acuerdo con esta lectura compartida en el panismo tradicional, el PAN habría sido infiltrado en la década de los noventa por el Yunque, que a través de membretes de organizaciones ciudadanas públicas, como el DHIAC (Desarrollo Humano Integral y Acción Ciudadana, a la que pertenecía Guzmán), la Unión Nacional de Padres de Familia, PROVIDA, ANCIFEM (Asociación Nacional Cívica Femenina), e incluso, en muchos estados valiéndose de instancias ya muy consolidadas como la COPARMEX (Confederación Patronal de la República Mexicana), había venido adueñándose de espacios de decisión y candidaturas panistas en todo el país.

El PRI se encontraba entonces en decadencia. El consenso social prácticamente unánime que le había respaldado durante décadas se resquebrajaba como consecuencia de las recurrentes crisis económicas y la flagrante corrupción. Las clases medias urbanas y los empresarios en entidades como Baja California y Chihuahua le daban la espalda al régimen y votaban por los candidatos panistas. Esta nueva competitividad electoral y sus raíces demócratas cristianas, hacían del PAN un destino muy atractivo para los yunquistas en su conquista por el poder. El PAN, después de todo, nace como oposición en aquellos años del cardenismo que hizo del socialismo científico (lo que es otra manera de decir: ateo) su ideología oficial.

Tal fue la ruta de Emilio González.

Circulan versiones, eso sí, de que siendo alcalde González Márquez, en el salón de Cabildo se oficiaban misas que, debido al carácter laico del recinto, eran forzosamente secretas. A la vista de todos los visitantes, empero, crucifijos colgaban en las oficinas de regidores afines a Emilio.

Una cosa es un hecho: Emilio González fue —como lo hemos dicho— presidente nacional del PDM sinarquista. El sinarquismo hunde sus raíces en la rebelión cristera que se enfrentó al gobierno de Plutarco Elías Calles. Históricamente se trata de la continuación de la lucha ideológica entre el catolicismo cristero y la masonería revolucionaria. Había llegado el momento de ajustar cuentas.

Cuando el PDM pierde su registro por no alcanzar la votación necesaria para conservarlo, Emilio González es invitado por Herbert Taylor a militar en Acción Nacional.

Emilio se entrevista con Tarcisio Rodríguez, presidente del PAN en Jalisco. Le pide una oportunidad para colaborar en su comité. Tarcisio le hace ver que su planilla está completa: no quedan espacios. Emilio le dice, *dame una escoba y con eso te ayudo, presidente, sólo quiero una oportunidad.* Conmovido por su alto sentido cívico y vocación de servicio, Rodríguez lo nombra en cambio secretario de Acción Electoral.

Emilio se abrió camino con inteligencia. Hábilmente. En 2000 logra ser presidente del PAN en Jalisco. Bajo su presidencia Francisco Ramírez Acuña derrotó al priísta Jorge Arana en una contienda de resultado muy cerrado. Pese a que la corriente que cobijó a Emilio no apoyó en su momento la precandidatura de Ramírez Acuña, la impugnación priísta del proceso le permitió estrechar su relación con el contestado gobernador electo.

Ya en enero de 2001 el entonces dirigente albiazul anunciaba que desde su comité estudiaban una propuesta para que el rector de la UDEG fuera seleccionado como tal por voto universal, con la participación de todos los estudiantes, profesores y trabajadores de la Universidad, y que dicha iniciativa sería entregada a los diputados del PAN que a partir de la legislatura siguiente, un mes después, contaría con la mayoría parlamentaria suficiente para imponer esa reforma al estatuto.

Ello llevó al Grupo UDEG a recorrer la fecha de la elección al treinta y uno de enero, un día antes del cambio de legislatura, para salvar la injerencia panista. Ese día, Emilio se hacía presente en el Paraninfo para felicitar y darle su abrazo al recién nombrado rector, Trinidad Padilla.

Emilio quiso ser secretario general de Gobierno con Ramírez Acuña, quien se inclinó por su aliado de siempre, Héctor Pérez Plazola. Pese a que tampoco fue llamado al gabinete, tras la conclusión de su dirigencia constituyó una asociación civil a manera de plataforma, para disputarle a Tarcisio Rodríguez la postulación por la alcaldía en 2003. Aparentemente rompe con quienes le abrieron las puertas del PAN (en realidad Herbert y Emilio rompen con Tarcisio). Logra el respaldo de Ramírez Acuña. Este sería determinante.

Al asumir Emilio la gubernatura, ya ha trascurrido la elección del rector que se ha resuelto a favor de Carlos Briseño Torres. Contra lo esperado, no hay ninguna ofensiva contra la Universidad. Por el contrario, todo es tersura. Un día después de rendir protesta, Emilio convoca a la residencia oficial a tres universitarios: el rector saliente Trinidad Padilla, el entrante Briseño y, por supuesto, el jefe político, Raúl Padilla. Transcurren varias horas, en las que todo son buenas intenciones entre los departientes, los tres udeGeístas, el mandatario y su consejero de todas las confianzas, Herbert Taylor.

La dupla panista atisba la oportunidad de mermar el liderazgo de Raúl Padilla y fragmentar al Grupo UDEG. *Alentar la ambición de Briseño.*

Se cocinan así dos proyectos, que al final es uno solo.

Para Carlos, abrirse camino en la construcción de esa nueva era universitaria que habrá de anunciar en unos días más, la era de Carlos Briseño.

Para Emilio, acabar con el imperio de Raúl Padilla.

No pasa mucho tiempo para que González Márquez le haga sentir a Briseño Torres que cuenta con el apoyo del gobierno estatal. Se acerca al rector, más allá de lo institucional, y le ofrece —¿abiertamente?, ¿sutilmente?— cobijo político ante un eventual rompimiento con Padilla.

Carlos Briseño no es ajeno a su realidad. Él es el rector, nominalmente la máxima autoridad universitaria. Pero solo nominalmente. Ni siquiera el gobernador manda en la universidad pública; mucho menos el rector. La verdadera autoridad está en otro lugar. Pareciera una obviedad: en Raúl Padilla. Pero ni siquiera esto es del todo cierto.

Que Raúl Padilla sea el jefe máximo de la UDEG no es gratuito. Su soberanía se soporta en el control que ejerce sobre los gremios universitarios, a saber, los profesores, los trabajadores administrativos y los estudiantes, agrupados respectivamente en el Sindicato de Trabajadores Académicos (STAUDEG), el Sindicato Único de Trabajadores (SUTUDEG) y la Federación de Estudiantes Universitarios (FEU).

Los gremios tienen los votos dentro del Consejo General Universitario, éste sí la verdadera instancia formal de autoridad. Quien controla los votos del Consejo —a través de un acabado mecanismo de ingeniería política— gobierna la Universidad. Y esa persona se llama Raúl Padilla López.

Padilla decreta quién dirigirá los sindicatos, quién la organización estudiantil. Es decir, aquellos que repartirán servicios y prebendas entre sus agremiados y a los que en su momento podrá pedirles —exigirles— votar en un sentido u otro en el Consejo. Y que tomarán —en su carácter de consejeros— las decisiones más importantes: el presupuesto y los nombramientos de la administración universitaria, incluido, por supuesto, el de rector general.

En cada decisión que toma Raúl Padilla, su juicio pondera los balances internos.

Él, por encima de todos.

En el nivel jerárquico inmediato inferior, aquellos que le acompañaron en la guerra que sostuvo en 1989, cuando se hizo del manejo de los gremios precisamente. Trino y Tonatiuh, los que le permitieron llegar a rectoría (y que además eran ya integrantes del Grupo); Alfredo Peña y Carlos Briseño (que contendieron por la FEG aquel año, apoyados respectivamente por Trino y Tonatiuh, pero que perdieron contra Oliverio Ramos); Raúl Vargas (líder estudiantil de la facultad de medicina); Samuel Romero (con quien peleó el gremio de profesores, que entonces llevaba por nombre Federación de Profesores Universitarios, si bien una deslealtad suya lo llevaría años después a ser desterrado); Celia Fausto (que hizo lo propio en el sindicato de trabajadores). Con ellos peleó y ganó en aquella guerra.

Y un escalón más abajo, aquellos con varias canonjías otorgadas (diputaciones, regidurías, cargos públicos) a cambio de su incondicionalidad.

Todos compitiendo entre sí para ganarse su favor. La última palabra siempre suya.

Pero administra esos fallos a través de un espacio de deliberación.

El Sanedrín. Mítico entre los universitarios.

El sanedrín histórico era el consejo de sabios judío de la antigüedad, con la representación de las distintas ciudades judías, y presidido por el sumo sacerdote de Israel. Un tribunal religioso.

Anecdóticamente: se le atribuye a un sanedrín la condena a muerte de Jesús de Nazaret, que tuvo que ser sancionada por autoridad romana. Como un hereje de la fe judía.

De ellos adoptan el nombre a partir de la era de Álvaro Ramírez Ladewig (¿con una intención oculta?, ¿por mero divertimento?). El propio Álvaro señalaría que dicho nombre lo habían tomado de un columnista político que así se refería al hecho de que en la nueva configuración del Grupo no había un único dirigente: antes, con Carlos Ramírez Ladewig, sus integrantes lo llamaban simplemente "el Grupo", o "Grupo Universidad-FEG"; entonces era una camarilla aglutinada alrededor de un caudillo, un mero ente operador de sus decisiones, más que un espacio deliberativo o de decisión. Tras su muerte, la jefatura del Grupo recae en Álvaro, por lo que dada su debilidad relativa al absolutismo de su hermano, el recién bautizado Sanedrín sí que tendrá un carácter colegiado (al menos al principio).

A diferencia del "sanedrín" que le antecedió, cuya membresía se restringía a haber sido o ser presidente de la FEG —con la única excepción del derecho de sangre de los Ramírez Ladewig— el presidido por Raúl Padilla tiene mayores rasgos de institucionalidad. Su acceso obedece al cargo que se desempeña en la organigrama administrativo de la Universidad: el rector en turno, el secretario general y el vicerrector; los titulares de los gremios; los rectores de los centros universitarios; también cuenta la representación popular, o sea, los diputados federales y locales prohijados por el Grupo.

Claro que los integrantes más prominentes de la familia nunca dejarán de ocupar un lugar en armazón formal, y por ende tampoco perderán su asiento en el Sanedrín. Tonatiuh Bravo, por ejemplo, fue, alternamente, Coordinador General de Extensión Universitaria y Director General de Enseñanza Media Superior, Rector del Centro Universitario de Ciencias Económico Administrativas y Vicerrector Ejecutivo, además de Regidor y Diputado Federal.

Allí —en el Sanedrín— se gobierna la universidad. Allí se ejecutan también las decisiones que toma su líder absoluto.

Pero ahora el rector tiene el respaldo del gobernador. El equilibrio se ha roto.

CAPÍTULO 4. EL SOCIALISTA

Otro buen remedio es mandar colonias a uno o dos lugares que sean como llaves de aquel Estado; porque es preciso hacer esto o mantener numerosas tropas. En las colonias no se gasta mucho, y con esos pocos gastos se las gobierna y conserva, y solo se perjudica a aquellos a quienes se arrebatan los campos y las casas para darlos a los nuevos habitantes, que forman una mínima parte de aquel Estado.

Nicolás Maquiavelo, El Príncipe. *De los principados mixtos.*

El gremio original; el constituyente de todo; la partícula elemental del poder universitario es el de los estudiantes: la FEG. Pero antes que esta, fue su prototipo, el Frente de Estudiantes Socialistas de Occidente, el FESO: los custodios de la educación socialista durante el cardenismo.

El verdadero ideólogo de la Universidad de Guadalajara en su primera etapa de la contemporaneidad, la de Zuno, se llama Enrique Díaz de León. Compañero suyo en el *centro bohemio* y la camarilla que conformó a su alrededor, fue nombrado por aquel, siendo gobernador, como el primer rector del claustro refundado. La hostilidad enfrentada por Zuno de parte de Plutarco Elías Calles hizo muy corta su estancia en rectoría. Lo sería por segunda vez poco más de un año entre 1927 y 1928. Pero la verdaderamente trascendente época de Díaz de León como rector será la tercera, a partir de septiembre de 1931.

Su relevancia rebasará los linderos de la academia y la geografía local. Por su participación en el Primer Congreso de Universitarios Mexicanos y la intervención suya en el mismo, junto con la de Vicente Lombardo Toledano, a su vez director de la Escuela Nacional Preparatoria, se adopta la doctrina del socialismo como eje de la educación pública. La Revolución Mexicana, pese a contar con sus propios referentes y legados, quiere verse reflejada en el dogma marxista leninista de los bolcheviques rusos. Y en ese sentido se radicaliza. El artículo tercero constitucional es reformado para señalar la obligatoriedad de la educación *socialista*.

La reacción de la Iglesia Católica en Guadalajara, diócesis y fieles, es contundente. Marchas y manifestaciones en las que participan alumnos, maestros y padres de familia en repudio a la enmienda: simultáneamente, el mismísimo Lázaro Cárdenas del Río, al recibir una delegación de estudiantes jaliscienses en su toma de protesta como presidente de México, los convoca a organizarse en su defensa. Natalio Vázquez Pallares, Pedro Vallín Esparza, José Parres Arias, José Santos Medina, entre otros jóvenes, atienden la llamada y conforman el FESO en diciembre de 1934. En una visita a Guadalajara en julio de 1935, Cárdenas oficializa de propia mano en una servilleta la entrega a los *fesistas* del edificio que habrá de albergar la Casa del Estudiante.

Además, el contexto del enfrentamiento entre el jefe máximo Plutarco Elías Calles y su delfín Cárdenas, que habría de resolverse con el exilio a Calles y que será definitivo para asentar el carácter presidencialista del régimen, reconfigura el mapa político local. El cardenismo se alimenta de los antiguos cuadros obregonistas jaliscienses. Ello permite el regreso de José Guadalupe Zuno y Margarito Ramírez a los primeros planos.

Perdonados los agravios, Zuno y Ramírez rehacen su alianza. La universidad es para los zunistas: el gobernador Topete, sustituto de Allende, designa como rector provisional a un sobrino de Zuno, Constancio Hernández Alvirde, electo de manera definitiva en 1937 por un periodo de cinco años; el partido será para Margarito Ramírez, nuevamente diputado federal: en la convención constitutiva del Partido de la Revolución Mexicana (PRM), que a instancias de Cárdenas reemplaza en marzo de 1938 al callista Nacional Revolucionario, Ramírez participa como delegado y protesta posteriormente la presidencia del Comité Estatal del PRM. Más allá de las repercusiones del orden partidista, mismas que serían superadas al paso de un par de administraciones, las implicaciones para la política universitaria sí que serán definitivas.

Con el renovado concordato entre Zuno y Ramírez, y bajo el padrinazgo de Cárdenas del Río, el FESO se fortalece. Cierto que coexistían diferentes asociaciones estudiantiles en la universidad: una de las más fuertes, la Federación de Estudiantes Universitarios de Jalisco (FEUJ), era además promotora de la defensa de la autonomía y la libertad de cátedra, lo que en los hechos significaba que rechazaba la imposición del socialismo en las aulas. Pero Cárdenas y Topete harán un servicio más a sus aliados jaliscienses: una nueva ley orgánica, aprobada en 1937, establecerá expresamente que solamente la organización estudiantil de carácter socialista tendrá representación en el cuerpo de gobierno de la UdeG. Esto era inédito en dos sentidos: excluía a otras federaciones, incluso con una mayor representatividad, y, además, otorgaba a los estudiantes —por medio del FESO, claro— un peso igual al de sus docentes y las autoridades administrativas en la conducción de la universidad.

Ante ello, profesores y estudiantes católicos emigran y crean, el tres de marzo de 1935, la primera universidad privada del país, sostenida con recursos de particulares: la Universidad Autónoma de Occidente, que después toma el nombre de Autónoma de Guadalajara (UAG). Los socialistas de Díaz de León habían ganado. No obstante, los enfrentamientos entre el FESO y los Tecos —jóvenes militantes altamente ideologizados de la UAG— continuarán, allende los campus, llegando hasta la violencia. Lo que será también una característica de la lucha política estudiantil: se gana a través de los golpes, y en ocasiones, las balas.

El experimento socialista duró muy poco. Pero el corporativismo estudiantil como herramienta de gobierno trasciende al cardenismo.

Así, los engranajes de la maquinaria han sido puestos en funcionamiento.

Un grupo político local —jefaturado entonces por la díada José Guadalupe Zuno y Margarito Ramírez— supeditado a la autoridad presidencial pero con peso regional propio.

Una organización estudiantil con ideología socialista y con el monopolio de la representación gremial.

El alcance estudiantil en el ente de gobierno universitario —el Consejo General— con la potestad de definir la terna de prospectos a elegir por el gobernador para la rectoría, y por ende, en los hechos, designar al rector (como ocurrió con Constancio Hernández).

Esta pieza de ingeniería política sobreviviría a sus creadores, llegando casi intacta a nuestros días; el ideario se ajustará en todo caso a los vaivenes sexenales, pero también en ese sentido se mantendría vigente el modelo: la fidelidad será al credo sexenal en turno, por lo que el Grupo tendrá la flexibilidad ideológica suficiente para acomodarse a los postulados de los sucesivos jefes de Estado.

Hay una consideración adicional que es del mayor interés: Lázaro Cárdenas replica el esquema de gobierno corporativo de la UdeG en el Partido Revolucionario Mexicano. Dicho molde se corresponde a la idea que él gestaba de transformar al instituto de una federación de partidos regionales, un colectivo de cacicazgos locales, como lo era el PNR de Calles, a otro, uno de masas, aglutinadas en sindicatos agrarios y obreros; esto es, de un partido de cuadros a otro popular, como lo fue su PRM. El PRM sustituye al PNR, con la intencionalidad de sectorizar —mediar— la relación entre la autoridad estatal y los grupos sociales —mediatizando sus demandas, corporativizando el acceso a la toma de decisiones gubernamentales— a través de agrupaciones intrapartidistas para los obreros, campesinos y militares, o sea, los sectores. El Partido de la Revolución se transforma en instrumento político para unificar a las masas trabajadoras y lograr el apoyo de las mismas al programa de gobierno. El estado *corporativizante*.

Luego entonces es sostenible la hipótesis de que tal concepción tuvo su inspiración original en el FESO y la estructura corporativa de la Universidad de Guadalajara. El arquetipo para la corporativización del régimen a través del partido revolucionario, fue, entonces, el FESO: simiente de lo que será el PRI... y la FEG.

CAPÍTULO 5. EL GUERRERO

A tan excelsos ejemplos hay que agregar otro de menor jerarquía, pero que guarda cierta proporción con aquéllos y que servirá para todos los de igual clase. Es el de Hierón de Siracusa, que de simple ciudadano llegó a ser príncipe sin tener otra deuda con el azar que la ocasión; pues los siracusanos, oprimidos, lo nombraron su capitán, y fue entonces cuando hizo méritos suficientes para que lo eligieran príncipe. Y a pesar de no ser noble, dio pruebas de tantas virtudes, que quien ha escrito de él ha dicho: *"Quod, nihil illi deerat ad regnandum praeter regnum"*. Licenció el antiguo ejército y creó uno nuevo; dejó las amistades viejas y se hizo de otras; y así, rodeado por soldados y amigos adictos, pudo construir sobre tales cimientos cuanto edificio quiso; y lo que tanto le había costado adquirir, poco le costó conservar.

Nicolás Maquiavelo, El Príncipe. *De los principados nuevos que se adquieren con las propias armas y valor.*

La siguiente etapa de la biografía política de la Universidad de Guadalajara estará marcada por dos personajes claves, dispares entre sí, asimétricos; un gobernador, José Jesús González Gallo, y el hijo de otro, Carlos Ramírez Ladewig.

González Gallo fue secretario particular del presidente Manuel Ávila Camacho (1940-1946) y gracias a su apoyo, mandatario de Jalisco; alimentaba la aspiración de ser él mismo presidente de la República. Carlos Ramírez Ladewig por su parte, era un joven en sus veinte, que se abría camino en la política estudiantil universitaria. Contaba sin embargo con una ventaja: era hijo de Margarito Ramírez Miranda, quien a su vez, había sido nombrado en 1944 por Ávila Camacho gobernador del territorio de Quintana Roo, y lo seguiría siendo durante los sucesivos sexenios de Miguel Alemán y Ruiz Cortines hasta 1959, ya en el primer año del presidente López Mateos.

Se trata además de la oscilación del péndulo ideológico del régimen que completaba un ciclo: de la izquierda de Lázaro Cárdenas fluctuó al centro de Ávila Camacho, y continuaba hasta la derecha, representada por la política pro empresarial que encabezaría Miguel Alemán Valdés (1946-1952), es decir, del cardenismo al alemanismo, que en adelante representarían los polos ideológicos de las administraciones supervenientes. Este vaivén tendría su correspondencia en el partido.

El PRM sobrevive apenas unos años al cardenismo; su último acto será postular a Miguel Alemán. Después, ese mismo día, 18 de enero de 1946, desaparece y en su lugar nace el PRI, el Partido Revolucionario Institucional.

No se trata únicamente de un cambio de siglas. Transcurrido el conflicto bélico —la segunda guerra mundial— el sector militar, como tal, desaparece del PRI. La desmilitarización del partido es un reflejo de lo propio en el gobierno. Manuel Ávila Camacho era general, y antes había sido secretario de la Defensa del gobierno cardenista. Miguel Alemán ya no tendrá antecedentes militares o de participación en el periodo de lucha armada de la Revolución, aunque su padre, general, sí lo había tenido como el principal líder revolucionario en Veracruz.

Ahora, el sector dominante del partido y del gobierno mismo, así como la fuente principal de reclutamiento de cuadros gobernantes será el sector popular. La Confederación Nacional de Organizaciones Populares (CNOP). El gremio de los burócratas, de los profesionistas, de los comerciantes. En una palabra, la clase media, el segmento socioeconómico en ascenso del nuevo México.

Si bien discursivamente el régimen se debía aún a los obreros y campesinos, en realidad a partir de entonces se sostendría política y socialmente en las clases medias. Y por encima de éstas, oculta, pero influyente en demasía, una clase propietaria. Una cofradía de altos funcionarios públicos convertidos en empresarios. Abultadas fortunas hechas con dinero público. La *familia revolucionaria*, no exenta de la connotación cierto tufo mafioso.

En Jalisco, acorde a la política nacional, los civiles sustituyen a los generales. Tanto Ávila Camacho como el general Marcelino García Barragán, gobernador entre 1943 y 1947, serán los últimos militares gobernantes de México y Jalisco, respectivamente. José

Jesús González Gallo (1947-1953), postulado bajo las siglas del naciente PRI, será además el primero de los mandatarios cuya administración dure un sexenio y ya no cuatrienios.

González Gallo había consolidado una relación muy estrecha con su compañero en el gabinete de Ávila Camacho, el entonces secretario de Gobierno y ahora presidente Miguel Alemán. Ello le permite ser un gobernador con un respaldo muy sólido de la administración central, lo cual será muy importante en tiempos de la consolidación del sistema que entonces transcurre, uno de cuyos ejes fue el centralismo por encima de cualquier consideración federalista. Incluso se presumía un pacto entre Alemán y González Gallo, con Ávila Camacho como testigo, según el cual González Gallo habría de ser el sucesor de Alemán.

Más allá de la veracidad de tales versiones, González Gallo sí que era un ejecutivo fuerte. Las piezas del régimen priísta y que caracterizarán al presidencialismo mexicano estaban definitivamente asentadas; en consonancia, en Jalisco, González construirá un entramado político que sobrevivirá a su administración: llevaba muy buena relación con el clero, en la persona del cardenal José Garibi Rivera; igual ocurría con el principal partido de oposición, el derechista Acción Nacional, dada su vieja amistad con el también jalisciense y fundador del PAN, Efraín González Luna; con él queda establecido a su vez el reparto de cuotas entre los actores políticos locales —por ejemplo, al líder local de la Confederación de Trabajadores de México (CTM) le entregó la alcaldía tapatía en la primera mitad de su sexenio, y sentó el precedente de hacer lo propio con la vicepresidencia de Guadalajara a la iniciativa privada.

En la edificación de su bastidor ataca el feudo del socialismo en Jalisco. Durante su primer año, en consonancia con la reforma al artículo tercero de la Constitución federal, suprime de la ley orgánica universitaria su declaración socialista; elimina además la potestad del Consejo General para proponer la terna de candidatos de la cual el ejecutivo elegía al rector; el nuevo estatuto otorgaba al titular del gobierno estatal la facultad de designar unilateralmente no solo al rector, sino también a los directores de escuela y los maestros de clase, con lo que la UdeG se convirtió así en mera dependencia estatal: González Gallo haría uso de dichas atribuciones para depurar de profesores socialistas las aulas; finalmente, desaparece toda mención al FESO en la ordenanza, es decir, se le retira al FESO la patente de representación estudiantil, y, al contrario, se le niega la posibilidad misma de contender por las sociedades de alumnos de las escuelas, señalándose expresamente tal prohibición a las organizaciones con fines políticos. Nuevos profesores y desradicalización del estudiantado. El priísmo naciente no dejaba rendijas de poder ajenos al suyo.

La comunidad universitaria protesta. Con el respaldo del presidente Alemán y de la jerarquía católica local, González Gallo se impone. Constancio Hernández Alvirde juzga que el PRI ha traicionado a la Revolución y se suma al Partido Popular fundado por Vicente Lombardo Toledano, del que sería su dirigente en Jalisco. Los *neo-bohemios* socialistas se debilitan. El FESO sobrevive a duras penas.

González Gallo gobernará a plenitud cinco de los seis años de su gestión, siguiendo la ruta de su aspiración por la presidencia de la República. Sin embargo, ocurriría una cadena de eventos que juntos devendrán en el reto más importante que habría de enfrentar.

El primero de estos eventos es el surgimiento de la FEG. Tras la reforma a la ley orgánica, un año después, en 1948, el veto al FESO para participar en elecciones es aprovechado por una banda de estudiantes —entre quienes se encontraba José García Hernández, de la facultad de medicina— y fundan la Federación de Estudiantes de Guadalajara (FEG). La FEG nace así declarándose ajena a la política militante o partidista, por lo que quedaba salvado el obstáculo que la normativa le establecía al FESO para limitar su participación.

El segundo es el inicio del activismo de un personaje clave, Carlos Ramírez Ladewig, que conjuntaba una evidente vocación política con la particularidad de ser hijo del exgobernador Margarito Ramírez, quien, además, como hemos dicho, fungía como tal en Quintana Roo, con toda la red de relaciones y el respaldo que ello implica. En noviembre de 1949 Carlos Ramírez Ladewig logra ser secretario general del Comité Directivo del FESO en la facultad de Derecho, cuando Raúl Padilla Gutiérrez era secretario general de la Asamblea General. Es convencido por el fegista Gustavo Naranjo de migrar del FESO a la nueva organización. Y junto con él, acorde a los nuevos tiempos, la última generación del FESO, entre los cuales resaltan tres apellidos, los Zuno (Vicente, Juan Ramón,

José Guadalupe y Rubén Zuno Arce), los Ramírez (Carlos y Álvaro Ramírez Ladewig) y Padilla (Raúl Padilla Gutiérrez). Dos estirpes de mandatarios, uno de los cuales aún estaba en funciones —si bien en otra entidad—, y un tercero, Padilla Gutiérrez, que será puente entre ambas corporaciones, en una virtual unificación del FESO y la FEG. El grupo socialista cambia de piel y fija su propósito: recuperar los fueros que González Gallo les quitó. Deciden respaldar a Carlos Ramírez Ladewig como el primer presidente de la FEG-FESO. Esta decisión obedeció al hecho de que dada la fama de duro —"matón", dirían sus adversarios— de González Gallo, el que el dirigente de la nueva organización fuera hijo de un gobernador en funciones era una salvaguarda importante.

La lucha política en la UdeG cobrará desde entonces características de disputa entre familias, que los políticos locales librarán a través de sus hijos. La FEG será desde su origen el escenario del primo de estos duelos: ese año, 1951, Carlos Ramírez y sus aliados los Zuno desconocen un supuesto triunfo de Jesús González Gortazar, hijo de González Gallo, en la facultad de derecho.

El reto fundamental del periodo de Ramírez Ladewig como presidente de la FEG será lograr la enmienda del estatuto para recuperar la injerencia estudiantil en el gobierno de la Universidad, es decir, la restauración de las características corporativas en que se sustentaba la hegemonía del bloque socialista. Con tal propósito estalla la huelga estudiantil.

Quizá en otro momento y bajo otras circunstancias no habría tenido éxito la rebelión del grupo FESO-FEG —la coalición de los Ramírez y los Zuno— ante un gobernante en plenitud como González Gallo, precisamente durante los años de consolidación del régimen priísta. Tuvieron que conjuntarse varios elementos para que esto se diera. Que en realidad se tratara de un enfrentamiento entre dos gobernadores en funciones fue uno de ellos. El más importante de todos: el trasfondo de la sucesión presidencial.

Margarito Ramírez y José Guadalupe Zuno apoyaban la precandidatura del veracruzano Adolfo Ruiz Cortines: los jóvenes del FESO-FEG se habían constituido simultáneamente y con toda formalidad en el Comité Estudiantil Ruizcortinista. González Gallo, él mismo precandidato a la presidencia, no quería problemas en su estado durante aquellos meses decisivos, por lo que cede en las demandas de los estudiantes. Así, se reforma la ley orgánica en septiembre de 1952: es el acto fundacional de la FEG como ente de poder local. Por lo demás, de muy poco le servirá esta concesión a González Gallo: el 14 de octubre Ruiz Cortines rinde protesta como candidato presidencial del PRI.

Los Ramírez y los Zuno propinarán otro revés a los González Gallo, ciertamente menos doloroso: Jesús González Gortázar enfrentará su candidato al de Ramírez Ladewig para su sucesión en la FEG, que gana Ramírez, a través de Miguel Naranjo Granda. Un último estertor: en 1959 los Gallo crean su propia organización, la Federación Revolucionaria de Estudiantes Universitarios (FREU), con la que disputan a la FEG la representación en el Consejo; el Grupo se impone definitivamente, cuando en 1962, un enfrentamiento a balazos cobra la vida de un alumno de preparatoria, en la primera de incontables muertes derivadas de pleitos y ejecuciones que habrán de sucederse en las luchas estudiantiles y la defensa violenta que la FEG dará por sus privilegios.

Ha nacido "el Grupo" —o UNI-FEG, o consejo de ex-presidentes.

Una esfera de gobierno informal —al no estar reconocido en ninguna norma jurídica— pero no por eso menos real, o sin reglas explícitas y sancionadas. Es una instancia de decisión por encima de la organización formal, la FEG, y a través de ésta, del Consejo General Universitario, trasladando su cuota de representación a la potestad de definir la terna de la cual el gobernador habría de designar cada seis años al rector. Ello da lugar a la *terna amarrada*: tres candidatos a la rectoría, de los cuales dos eran políticamente inviables —dada su abierta militancia en partidos políticos distintos del PRI— y su inclusión un mero pretexto para legitimar una decisión ya tomada.

Es el cogobierno de la Universidad, entre la FEG —léase el Grupo, léase Carlos Ramírez Ladewig, que controla la representación de los estudiantes en el cuerpo de gobierno universitario— y el ejecutivo estatal, formalmente representado por el rector.

Tendrán que transcurrir casi cuatro decenios de hegemonía de los Ramírez Ladewig —Carlos y Álvaro, sucesivamente, se entiende— sobre la Universidad, hasta que un día primero de abril, Raúl Padilla López protesta como rector general.

Ha sido muy comentada en círculos políticos y en los corrillos universitarios la supuesta deslealtad de Padilla López a Álvaro Ramírez, quien inclusive publicó unas memorias suyas a las que precisamente tituló "Historia de una traición". El "liderazgo moral" del ingeniero Álvaro, y antes el de su hermano Carlos, no estuvieron exentos de críticas y señalamientos de comportamiento autoritario y caciquil. Justo las evidencias de ese cacicazgo de los Ramírez Ladewig y el extenso historial delictivo de la FEG explican lo bien recibida que fue entonces, por la sociedad jalisciense y aun por la opinión pública nacional, la insurgencia padillista de 1989, un año que de por sí significó un parteaguas de la historia contemporánea con el inicio del colapso del bloque soviético en Europa.

El ascenso de Carlos Salinas de Gortari y su política de renovación de liderazgos gremiales, tuvo como víctimas ese mismo año a Joaquín Hernández Galicia y a Carlos Jonguitud Barrios, añejos líderes respectivamente del sindicato petrolero y de los trabajadores de la educación.

Ello en el contexto no solamente de una necesaria renovación generacional de los liderazgos políticos, con el traslado de los espacios del corporativismo mexicano de la generación auspiciada por el presidente Luis Echeverría Álvarez —a la que años después se referiría crípticamente Salinas de Gortari como *nomenklatura*— hacia la autodenominada "generación del cambio", sino también, de un proceso de liberalización de la economía mexicana respecto a su pasado estatista reciente, acorde con la nueva era de lo que entonces se supuso era un mundo unipolar, con pleno consenso ideológico en el libre mercado y la democracia según el modelo estadounidense. La doctrina del tercer mundo —abanderada por el echeverrismo—, como alternativa tanto al capitalismo de los países de la OTAN como al comunismo de la esfera de influencia soviética, quedaba en desuso. Inclusive Rusia y China ingresarían a la economía de mercado con sus particulares características nacionales. Una lectura de la caída de Álvaro Ramírez Ladewig y la FEG y el subsecuente ascenso de Raúl Padilla López y la reforma universitaria conforme a las nuevas premisas económicas del salinismo, que ignore esa trama de fondo, será incompleta: los acontecimientos mundiales tienen su impronta nacional que a su vez impacta lo local.

En el caso del Sindicato de Profesores y Trabajadores de la Educación (SNTE), la jefatura política de Jonguitud Barrios, que duró desde 1972 hasta 1989, fue reemplazada por un nuevo liderazgo impulsado por el salinismo en la persona de Elba Esther Gordillo. Precisamente lo que en su momento le había hecho Luis Echeverría Álvarez (1970-1976) a Jesús Robles Martínez, *líder moral* del Sindicato desde 1949 —cuando era presidente Miguel Alemán Valdés (1946-1925)— hasta 1972, en que es desplazado por Jonguitud Barrios a instancias del presidente. Echeverría mismo habría tanteado la posibilidad de deshacerse de Joaquín Hernández Galicia al inicio de su sexenio valiéndose del gobernador de Tamaulipas Manuel A. Ravizé, para finalmente desdecirse y refrendarle su cacicazgo al dirigente del sindicato petrolero desde los años cincuenta. Es decir, observamos que la clase política que se arrogó facultades de representación gremiales a perpetuidad durante los años en que el PRM de Lázaro Cárdenas se transformó en el PRI de Miguel Alemán (a partir de 1946), esto es, el inicio de la era de la *revolución institucionalizada*, tuvo una renovación generacional durante el sexenio de Echeverría Álvarez —con algunas excepciones, como la de Hernández Galicia, y muy notablemente la del dirigente de la Confederación de Trabajadores de México, Fidel Velázquez, quien los sobreviviría a todos—. La siguiente renovación ocurriría, entonces, dos décadas después, bajo la presidencia de Carlos Salinas de Gortari.

Plutarco Elías Calles, Lázaro Cárdenas, Miguel Alemán, Luis Echeverría y Carlos Salinas. Tales son los nombres clave para analizar los flujos del poder en México, y en consecuencia también sus efectos en Jalisco y la universidad pública.

Calles fundó al Partido Nacional Revolucionario bajo la premisa de acabar con los caudillos e institucionalizar la lucha que hasta entonces fue armada entre los miembros del clan. Bajo este propósito desplazó a José Guadalupe Zuno del gobierno en Jalisco y por ende de la universidad por él fundada.

Cárdenas regresó a los zunistas a la universidad, en la lógica de su proyecto de hacer del régimen un gobierno del proletariado urbano y campesino.

Miguel Alemán transformó al Partido de la Revolución Mexicana en el Partido Revolucionario Institucional, y al final de su sexenio, propició el surgimiento del liderazgo de Carlos Ramírez Ladewig y la FEG.

Fue Echeverría quien restauró el liderazgo de Carlos Ramírez Ladewig —aun cuando él mismo fuera el causante de su retiro— y en correspondencia el presidente recibió un doctorado *honoris causa*. Las tramas perversas de Echeverría y su oscuro papel tras la masacre de Tlatelolco en 1968 y el día de Corpus Cristo en 1971, tendrían sus efectos en Jalisco, del que se derivarían ulteriores hechos de sangre y aun al surgimiento de la guerrilla urbana en el país.

Con Carlos Salinas de Gortari llegó la asunción de Raúl Padilla López.

El primero de septiembre de aquel año, 1989, el preciso día en que el presidente Carlos Salinas de Gortari visita Guadalajara para inaugurar la Línea 1 del tren eléctrico urbano, la FEG toma el edificio de rectoría. En el lugar que le corresponde a la enseña patria ondea la bandera roja y negra de la FEG.

Los padillistas sospechan que detrás de ello se esconde una intención oculta.

Está claro que el rector Padilla López nunca fue el predilecto del gobernador Guillermo Cosío Vidaurri; según Álvaro Ramírez Ladewig, su candidato —de Cosío, quien dicho sea de paso había sido contemporáneo de Carlos Ramírez en las aulas— era José Manuel Correa Ceseña.

En todo caso, Correa sí que *había sido* el candidato original de Álvaro Ramírez. Era el natural: expresidente de la FEG, designado como tal por Carlos Ramírez; secretario general del rector Enrique Alfaro Anguiano, y por ende, el sucesor, dados los precedentes inmediatos (Alfaro Anguiano, secretario general del rector Jorge Enrique Zambrano Villa, había sido sucesor de este último en la rectoría: ambos exdirigentes fegistas en periodos previos al de Correa).

El mismo Álvaro así se lo había hecho saber expresamente a José Manuel. Que él era el siguiente. Desde el momento mismo en que fue nombrado secretario.

Correa no aspiraba a hacer carrera universitaria. Lo suyo era la política partidista. Aspiró a ser diputado federal por el PRI en 1982: incluso era un compromiso que ya se había pactado con el partido. Sin embargo, entonces, el Grupo, particularmente el núcleo que se aglutinaba en torno a Álvaro, había participado en la conformación del Partido Socialista Unido de México (PSUM), lo cual provocó el rechazo de la secretaría de Gobernación encabezada por Manuel Barttlet Díaz. *Nada para la FEG*, fue la consigna al PRI. En compensación, el Grupo —Álvaro— le ofrece la secretaría general a Correa, con el compromiso de que en el siguiente ciclo él será el rector.

A posteriori Álvaro argumentará que la cercanía de Correa Ceseña con el PRI, y en particular con Cosío, lo hizo dudar. Y que esta sospecha se habría confirmado cuando tras su investidura, Cosío nombró a Correa como secretario de Educación Pública en su gobierno. Para Correa, se trata de un pretexto a modo de Álvaro para desdecirse de su palabra; sí, había acudido a dar una conferencia al instituto de capacitación política del PRI, pero también, declinó una invitación del candidato para participar en su campaña dada su posición como alto funcionario universitario.

Como haya sido, Álvaro se reúne con José Manuel tres meses antes de la sucesión por la rectoría. Le hace saber que ha decidido retirarle su respaldo y entregárselo a Raúl Padilla.

Cosío Vidaurri retrasa la designación del rector más de lo normal, a partir de que recibió la terna que incluía a Padilla y que por supuesto no consideraba a Correa. Testigos de aquellos años aseguran, sin embargo, que la preferencia real de Cosío para la rectoría de la Universidad era Enrique Romero González —abogado, notario, maestro y director de la facultad de Derecho— a quien nombraría su secretario general de Gobierno. Por supuesto que era inviable. Tuvo que llegar una llamada de la ciudad de México para terminar de convencerlo de la conveniencia de que fuera Raúl.

Quizá por eso, ahora, para los nuevos líderes universitarios, detrás de la toma de rectoría se esconde un pacto entre el gobernador y Álvaro Ramírez para deponer a Raúl Padilla y sustituirlo por Correa Ceseña.

La política es un juego de muchas dimensiones. Álvaro le pudo haber propuesto a Cosío reemplazar a Correa con Raúl, y Cosío pudo haber aceptado la propuesta, como un instrumento para debilitar al padillismo.

La estrategia para ello pasa por la normatividad universitaria: Artículo 37. "El Rector durará en su cargo seis años. *Sólo podrá ser removido por el Gobernador, por causas graves,* oyendo siempre el parecer del Consejo General Universitario."

Claro que el Consejo no puede sesionar, precisamente porque el recinto sede, el Paraninfo Enrique Díaz de León, está en rectoría.

El mismo precepto atribuye al ejecutivo la potestad de: *Resolver, en general, toda clase de conflictos que surjan entre el Rector y el Consejo General Universitario.*

Por si las dudas, el rector convoca al Consejo en una sede alterna. Los opositores rechazan la validez de la sesión. De cualquier modo se aprueba una condena a la toma de rectoría. Pero lo más importante es cerrar cualquier rendija que ponga en duda la autoridad de Padilla.

Meses después, el gobierno explorará otra ruta. La remoción del rector mediante la ley de servidores públicos, que prevé la separación del cargo por parte del inmediato superior —para el caso, el mandatario estatal— cuando un funcionario es sujeto a un proceso penal. En este escenario, la estrategia para destituir a Raúl Padilla consistía en promover una denuncia penal en su contra por presunto enriquecimiento ilícito. El primero de abril de 1990 un particular presenta la acusación, misma que es admitida por un juez. Ello quiere decir que el rector está judicialmente indiciado.

Entonces, Raúl Padilla se entrevista con Guillermo Cosío. Le hace ver que tiene conocimiento de que su expediente está en el escritorio del secretario de Gobierno. *Vengo a decirle con lealtad, gobernador, que tengo base social. Que me voy a defender. Ahora nos toca movilizar a nosotros.*

El gobierno saca las manos. Cosío Vidaurri y Álvaro Ramírez no eran amigos en realidad. Quizá Cosío vio la oportunidad de impulsar a Correa en esta segunda oportunidad, ya que no pudo hacerlo en la primera. Él no promovió el conflicto, pero acaso tanteó la posibilidad de aprovecharlo. Para los universitarios, el gobernador Cosío jugó al filo de la navaja. En todo caso, entre la disyuntiva de entregarle la Universidad a Alejandro Gascón —dirigente comunista y anti-priísta con mucha ascendencia sobre Álvaro— o pactar con Raúl Padilla, prefirió el entendimiento con este último. La denuncia es desechada por falta de elementos, en espera de datos supervenientes. Es decir, queda latente (al alcance de Cosío) para cualquier eventualidad.

Es la victoria definitiva de Raúl Padilla López. Pero antes, tuvo que hacer frente al reto de la FEG. Raúl esconde una carta. Todo el tablado que ha construido, pacientemente, paso a paso, en su recorrido por el sanedrín; siendo dirigente nacional de la Confederación de Jóvenes Mexicanos tras su presidencia en la FEG; como funcionario por el Departamento de Intercambio Académico, dependencia creada *ex profeso* por él y para él durante el rectorado de Jorge Enrique Zambrano y que evoluciona a Departamento de Investigación Científica y Superación Académica (DICSA) también a su cargo bajo la gestión del rector Alfaro Anguiano; en acuerdos pactados y favores concedidos; todo, se vendría abajo, de no ser porque en la cima de la pirámide del poder en México, Raúl Padilla cuenta con un aliado, que además, es más que eso. Es su verdadero padrino. Un segundo padre.

Don Francisco Galindo Ochoa.

Francisco Galindo Ochoa, nacido en Tamazula, Jalisco, fue diputado federal un par de ocasiones en los años cincuenta. En 1964 quiso ser candidato a gobernador, sin éxito, junto con Francisco Rodríguez Gómez y Francisco Medina Ascencio —los tres Panchos— siendo finalmente Medina Ascencio quien lo logró.

Galindo Ochoa ganará perdiendo. Fue llamado por el presidente Gustavo Díaz Ordaz para ser su jefe de prensa, cargo que ocuparía —director de Comunicación Social de la Presidencia— los primeros tres años de aquel gobierno.

Repetirá el mismo encargo el último año de gobierno del presidente José López Portillo, en 1982.

Era un pilar del régimen priísta.

La función que Fidel Velázquez cubría en tanto líder de la central obrera mayoritaria, la CTM, a saber, jefe de facto de los gremios priístas, es decir, de la totalidad de los sectores obrero, campesino y popular que conformaban al PRI, esa función la realizó durante varios sexenios Galindo Ochoa con respecto a la relación del régimen con los medios de comunicación.

Don Francisco Galindo era el santón de los medios. Un factótum. En su mesa del Hotel María Isabel o del Hotel del Prado, en los Champs Elysées del Paseo de la Reforma, a contraesquina del edificio en donde tenía su despacho, don Pancho, como se le llamaba con respeto, todos los días desayunaba o comía con el director de algún periódico, un columnista destacado, un político que pedía sus favores.

Era el instrumento del sistema para levantar o destruir la carrera o la reputación de los adversarios al régimen o al poderoso en turno: no había presidente priísta que no le debiera un favor.

Era un hombre de poder que había ayudado a Carlos Salinas de Gortari en su ascenso —compartió gabinete presidencial con su padre, Raúl Salinas Lozano— cuidando su imagen en la prensa desde su paso como secretario de Programación y Presupuesto del gobierno de Miguel de la Madrid Hurtado.

Que en su momento se entrevistó con De la Madrid por encomienda de López Portillo para sondearlo como precandidato presidencial.

Y que además fue consultado por el mismo Miguel de la Madrid, junto con otros políticos tradicionales y líderes partidistas, respecto a su propia sucesión, según el testimonio del ex mandatario en sus memorias.

Formaba parte de una conjura de políticos y grandes empresarios que desde el inicio del sexenio de Carlos Salinas se reunían a comer juntos y deliberar un viernes de cada mes, conocido como el Grupo de los Diez, entre cuyos integrantes estaban Raúl Salinas de Gortari, hermano del presidente; Carlos Hank González; Roberto González Barrera; Juan Francisco Ealy Ortiz; Emilio Gamboa Patrón; Manlio Fabio Beltrones y Luis Donaldo Colosio.

Era un conciliábulo formado a iniciativa de Galindo, que tuvo su origen en la campaña de Carlos Salinas, aunque formalmente se constituye como tal durante su presidencia.

En una de sus reuniones de fin de año, celebrada para la ocasión en casa de Galindo Ochoa, contarán con la presencia del mismísimo presidente Salinas.

Francisco Galindo Ochoa fue compañero de legislatura de Raúl Padilla Gutiérrez durante la primera mitad del sexenio del presidente Ruiz Cortines. Fallecido Raúl Padilla padre, Galindo Ochoa verá como hijos tanto a Raúl como a Trino. Fue Don Pancho quien consiguió los patrocinadores, entre los que se encontraba Banamex, para la primera Feria Internacional del Libro que organizó Raúl, siendo Director de Intercambio Académico, cuando el rector era Enrique Alfaro Anguiano. El éxito de aquella FIL permitió a Raúl proyectarse por la rectoría. Fue Galindo Ochoa quien en los momentos de duda de Guillermo Cosío Vidaurri, gracias a la amistad que tenía con este último (y sin duda, contaría también la cercanía que Don Pancho tenía con Carlos Salinas), empujó para que el gobernador lo aceptara como rector tres días antes de que el plazo se venciera, en el límite.

El día de la toma de rectoría por la FEG Trino acude al despacho de Galindo Ochoa y lo pone al tanto de la situación. Tenía un teléfono rojo, o sea, línea directa con el presidente Salinas. Le llama. Deja la llamada en altavoz para que escuche Trino y otra persona que acompaña a Don Pancho (la fuente de este relato). Galindo Ochoa le informa al presidente lo que ocurre en Jalisco.

Salinas de Gortari le pide a Don Pancho llamar al jefe del Estado Mayor. Así lo hace, y el militar le dice que en efecto sus órdenes son atender las recomendaciones que Don Pancho crea convenientes.

Entonces Galindo Ochoa le llama a Álvaro Ramírez. *Ya hablé con el presidente. Si no te sales hoy de la Universidad, mañana a primera hora el estado mayor los saca.*

Ese día Álvaro se enferma. Sus nervios colapsan y tiene que ser hospitalizado. Raúl Padilla acude a visitarlo, llevado por Carlos Ramírez Powell. Este último convence a su tío Álvaro de que el Ejército en la universidad es una estampa inaceptable. Sobre todo después del 68. Debe negociar.

Dialogan a solas el rector y el ingeniero. Se concertan acuerdos. Pactan la entrega de las instalaciones y retirar la exigencia de renuncia del rector por parte de la FEG. El sindicato de trabajadores —en disputa— será para Álvaro. El de maestros para Raúl. Y en la FEG, se permitirá la participación del "movimiento democrático" impulsado por el rector.

Álvaro le ordena a Oliverio Ramos, presidente de la FEG, que abandone el recinto ocupado. El 5 de septiembre se regresan las instalaciones.

Pareciera un empate. En realidad no lo es. Dos semanas después del acuerdo, molesto, Oliverio deja la FEG y el estado. Se quedan solos Álvaro y Horacio García, su otro lugarteniente. Para el rector, es el momento de acabar con el oponente.

Combate a la FEG desde dentro. Impulsa una corriente democrática. Al no lograr desplazar a los alvaristas de la federación, promueve la conformación de la suya, la FEU, Federación de Estudiantes Universitarios. Se convoca a un referéndum entre el alumnado para definir cuál de las dos organizaciones es la que habrá de ostentar la representación ante el Consejo. Las fuerzas ya no son parejas. Con el respaldo pleno de las autoridades, la FEU derrota a la FEG. Era, ahora sí, el fin de una era.

Guillermo Cosío honrará la amistad que tuvo con Carlos Ramírez Ladewig y le permite a la FEG sobrevivir. A pesar de los reclamos de los nuevos jerarcas universitarios, permitirá a la otrora poderosa organización conservar su edificio sede, en la calle Carlos Pereyra 100. Inmueble que de acuerdo con la leyenda negra, le habría sido entregada a la FEG por el régimen priísta en pago por sus servicios durante el movimiento estudiantil del 68.

Tampoco los gobiernos panistas siguientes hicieron nada por quitarle a la FEG el uso de un inmueble del que además no quedaba constancia de que jurídicamente le perteneciera.

Despojados de la Universidad, la FEG terminará siendo un membrete para extorsionar comerciantes en las afueras de la escuela Normal y las secundarias dependientes de la secretaría de Educación estatal, su último reducto.

Durante estos años de exilio, a la FEG la manejaban Oliverio Ramos, Álvaro Ramírez, Horacio García Pérez y Mayo Ramírez, hijo de Álvaro, quien hereda del padre como este heredó del hermano.

El último presidente de la FEG nombrado por este sanedrín mermado, al que sin ninguna ironía Alvaro bautizó como *micro-sanedrín*, se llamó David Castorena. Este hizo campaña como candidato único, pintando bardas con su nombre y la efigie del Che Guevara. El 9 de diciembre de 2011, cuatro estudiantes de la preparatoria 8 y el padre de uno de ellos desaparecen. Agentes de la Procuraduría de Justicia del Estado investigan. Encuentran los cadáveres en dos fosas dentro de las instalaciones de la FEG: aquel edificio que Luis Echeverría inauguró en octubre de 1970. Fue un ajuste de cuentas por el cobro de derecho de piso a un comerciante que vendía su mercancía en los alrededores. El último presidente de la FEG le disparó a él y a su hijo. Un tal "Tatuado", del negro linaje de los "Pelacuas" y "Gorilones", acuchilló a dos estudiantes que los acompañaban. Del tercero se encargó alguien más.

Grotesco legado de una historia de por sí sangrienta y sucia. De una cultura mafiosa que prende incienso a efigies del Che.

El 4 de julio de 2014 el gobierno de Aristóteles Sandoval —el primer gobernador *feuísta*— demolió el viejo edificio de la FEG.

El día, se correspondió además con la conmemoración de la fundación de la FEU de Raúl Padilla, simbolismo aparte.

La FEG quedaba definitivamente enterrada, junto con sus muertos.

CAPÍTULO 6. LA RUPTURA

Los que sólo por la fortuna se convierten de simples ciudadanos en príncipes, con poco esfuerzo lo consiguen pero con mucho se mantienen. No encuentran dificultades en su camino, porque parece que van volando, pero todas las dificultades surgen cuan estás en el poder. (...)

Estos príncipes se sostienen simplemente por la voluntad y la fortuna de quien les ha concedido el Estado, que son dos cosas volubles e inestables, y no saben ni pueden conservar ese cargo. No saben porque, si no son hombres de gran ingenio y virtud, no es presumible que sepan mandar, ya que han vivido siempre como simples ciudadanos; no pueden porque carecen de fuerzas que puedan serles aliadas y fieles. Además, los Estados que surgen de pronto, como todas las cosas de la naturaleza que nacen y crecen rápidamente, no pueden tener raíces ni ramificaciones que los defiendan del tiempo adverso; salvo que quienes se han convertido tan de repente en príncipes tengan, como se ha dicho, tanta virtud que sepan prepararse inmediatamente para conservar lo que la fortuna ha depositado en sus manos, y echen después los cimientos que los demás echan antes de llegar a ser príncipes.

Nicolás Maquiavelo, El Príncipe. *De los principados nuevos que se adquieren con las armas y la fortuna de otros.*

Carlos Briseño no tiene que ir muy lejos en su búsqueda de un ejemplo histórico para su proyecto. Lo tiene frente a él. El jefe del grupo. Su mentor. Raúl Padilla López.

Hay historias paralelas.

Como rector, Raúl Padilla ejercería la autoridad formal sin desentenderse de los verdaderos resortes del poder universitario. Por eso la declaración de guerra entre el pasado representado por Álvaro Ramírez y el futuro que surgía con Padilla, fue a partir de la disputa por el control político de los gremios estudiantil, académico y administrativo. La estrategia consiste en desmontar la dominación de los alvaristas sobre el Consejo. Raúl gana posiciones a sus antiguos aliados, que se ven forzados a enfrentarlo.

Durante catorce años, a partir de la creación en 1975 de la Federación de Profesores Universitarios (FPU), Genaro Cornejo, expresidente de la FEG en el periodo a finales de los cincuenta y como tal miembro del Grupo, había sido su dirigente. Por mucho había rebasado su periodo de relevo y anuncia su retiro. El nuevo rector aprovecha la coyuntura para proyectar a un candidato propio, Samuel Romero, sin el consenso del clan.

Lo mismo ocurre con el Sindicato de Trabajadores Universitarios. Celia Fausto es la candidata del rector.

Eso marca las líneas. El bando del rector Padilla, con quien se alinean Trino y Tonatiuh, por un lado, y Álvaro Ramírez con el apoyo de Horacio García y Oliverio Ramos frente a ellos.

El Sanedrín se ha quebrado.

Carlos Briseño, testigo y actor de aquellas gestas, sabe que para sus propósitos requiere avanzar las piezas, si es que en algún momento aspira tener mayoría en el Consejo. De los tres gremios, no tiene posibilidades ni en el sindicato de trabajadores administrativos ni en el de académicos. En cambio, el actual presidente de la FEU, Carlos Corona Martín del Campo, es suyo.

Desde su fundación, la FEU fue manejada por los cuadros de la FEG que se alinearon con el rector Padilla. Juan Manuel Soto, Mara Robles Villaseñor, Ramón Álvarez y Lorenzo Ángel González, quien sería su primer presidente. La responsabilidad política sobre los estudiantes quedaría a cargo del secretario particular del rector, Armando Macías. Tras los primeros procesos, Padilla decide que sea Alfredo Peña, entonces jefe de servicios estudiantiles en el organigrama administrativo, en quien recaiga la responsabilidad de manejar la FEU: controlar los grupos estudiantiles y las escuelas y definir a los candidatos de entre un catálogo de membretes de corrientes internas —CED, CEI, AEM, FECE— hacia las cuales Raúl Padilla no prestaba mayor interés.

Durante varios periodos el dirigente feuísta era elegido por Alfredo Peña, a partir de una compulsa de los liderazgos reales entre los estudiantes, al margen de la corriente interna en que militaran, con la única condición de una probada lealtad al propio Peña. Alfredo a su vez respondía a Padilla, sin importar que el rector ya no fuera él. Calcaron además —muy diluido— el modelo de la FEG. Los expresidentes de la FEU conformaban un *sanedrín* que valoraba los perfiles de quienes aspiraban a dirigir la organización y en el que Peña, en el viejo rol de Álvaro Ramírez, tenía la última palabra. Así transcurrieron las dirigencias de Felipe Oceguera Barragán (1993-1995), Alberto Castellanos (1995-1998) y Leopoldo Pérez Magaña (1998-2001).

Este modelo cambia cuando Trinidad Padilla protesta la rectoría en 2001. Raúl decide que, para cuidar los equilibrios en el Grupo, Alfredo Peña enfrente competencia. Aquella será la primera elección estudiantil en la que Raúl Padilla se interese. Decide relanzar a la organización, y acotar la ascendencia de Peña en el gremio.

Hasta entonces se exigía un currículo mínimo a los aspirantes: haber sido presidente de alguna escuela. Esto cambia en el nuevo escenario de competencia: Peña elige un cuadro que no había sido presidente ni en la preparatoria ni la facultad, Ricardo Villanueva Lomelí, lo que contraviene las trayectorias de desarrollo político hasta entonces vigentes en la federación.

Esta decisión suya generaría un cisma interno en la FEU. Peña enfrenta la oposición de los otros grupos estudiantiles que estaban bajo su cobijo. El candidato de Peña y del expresidente feuísta Alberto Castellanos es respaldado además por Tonatiuh Bravo y Armando Macías. Los demás expresidentes de la FEU rompen con Peña y postulan a Carlos Corona. Carlos Briseño Torres, secretario general, prende la tutela de la nueva expresión estudiantil.

Raúl Padilla suelta el proceso, es decir, deja a las corrientes hacer sus alianzas libremente. Permite que se pongan de acuerdo entre sí. Es la primera ocasión en la breve historia de la FEU donde el ganador no estaba decidido desde antes. Será una contienda de funcionarios más que de estudiantes. El primer momento de tensión y roce al interior del núcleo padillista, si bien fomentado por el propio Raúl Padilla para preservar los pesos y contrapesos internos que garanticen su liderazgo unipersonal. Quería competencia, respetaría a quien gane. No estaba en juego solo la FEU, sino el reacomodo de fuerzas al interior del Grupo UdeG. Será una batalla cerrada de la que al final saldrá triunfante Peña y su candidato.

Alfredo refrenda su lealtad a Padilla. Le dice, *Licenciado, la* FEU *es tuya. Basta con que me la pidas.*

Tres años después, Raúl Padilla le tomará la palabra e impondrá candidato único. Peña en efecto entrega la FEU y Carlos Corona es postulado sin rival.

En Carlos Corona —inadvertidamente, quizá— se da la confluencia de dos proyectos históricos de la Universidad. Desde la ausencia de Carlos Ramírez, la FEG no había contado con la cuota de candidatura priísta que le correspondía. Tras la ruptura del Grupo con el régimen, durante la conducción de Álvaro, la FEG y el PRI se divorciaron también. Desplazados los alvaristas y triunfante el padillismo, era el momento de la reconciliación entre el PRI y la UdeG. Y se dará bajo el padrinazgo de un universitario de la última era de la jefatura política de Carlos Ramírez, José Manuel Correa Ceseña, quien eventualmente impulsará a Carlos Corona dentro del partido. Carlos Corona logrará, así, ser sucesivamente regidor en Guadalajara, secretario de la juventud del Comité Nacional del PRI y secretario general del Congreso del Estado.

Su otro padrino es Carlos Briseño. Como primer paso en su carrera partidista, Corona aspira a ser diputado por el PRI. Briseño quiere ser rector, por supuesto, pero antes empuja la precandidatura de Arturo Zamora para ser postulado por el PRI para el gobierno estatal. Es el año 2006.

Corona, presidente de la FEU y priísta, es el factor del desequilibrio en el Grupo. A través de él, Carlos Briseño supone que controla ya el gremio estudiantil, como de hecho así es —claro que con el contrapeso de las corrientes internas feuístas—, aunque con el consentimiento implícito de Padilla.

Hay un error de apreciación en Briseño, seguramente alimentado por las explícitas declaraciones de lealtad de Corona.

Raúl Padilla también asume que la lealtad absoluta de Corona es suya.

Entre equívocos, ambos se arrogan la paternidad política de Carlos Corona, quien hábilmente suma para sí el amparo de Raúl Padilla, Carlos Briseño y José Manuel Correa.

Conjetura, Briseño, que ya ha provocado una primer fisura al dominio padillista.

Corona se la juega con el proyecto de Briseño de alcanzar la rectoría. Candidato a gobernador Arturo Zamora, con Carlos Briseño como punta de lanza del Grupo en aliento a su campaña, Briseño empuja la postulación de Corona para diputado. Carlos tiene que ser sacrificado para hacer lugar a Leonel Sandoval, padre de Aristóteles Sandoval, como parte de los acuerdos para que Aristóteles acepte declinar su aspiración a ser presidente municipal y ceda en favor de Leobardo Alcalá Padilla, primo hermano de Raúl.

A manera de compensación, Corona es integrado a la planilla de regidores de Leobardo Alcalá. Hay incluso un desencuentro entre Raúl Padilla y Leobardo a propósito del lugar en el que Corona es situado en la planilla, lo que implica que en el supuesto de una derrota electoral del PRI, como ocurrirá finalmente, Corona no logrará entrar al cabildo más que por un breve periodo como regidor de oposición. Vendrá la derrota de Zamora y el ascenso de Briseño como rector.

Cuando llega el momento de la renovación de la dirigencia de la FEU, el rector Briseño quiere retener a la FEU dentro de sus activos políticos. La elección sería en octubre; él protesta la rectoría en marzo. La primera escaramuza en la ruta que se ha trazado es la FEU.

Integra su propia corriente, algo que contraviene las reglas implícitas del Grupo: el rector no juega en los gremios; estos los opera el secretario general. Pese a ello, se agrupan con Briseño los expresidentes feuístas Lorenzo González, Felipe Oceguera, Leopoldo Pérez y el saliente Carlos Corona.

Briseño logra convocar además a otras corrientes para presentar un candidato común que haga frente al empujado por Alfredo Peña. Tonatiuh Bravo, Armando Macías, Cárdenas Cutiño, Leobardo Alcalá y Patricia Retamoza, funcionarios o actores universitarios —Leobardo era entonces regidor de oposición por el PRI— se suman al rector, bajo el acuerdo de establecer criterios claros para designar al abanderado compartido. Las simpatías personales no tienen lugar en vista de lo que está en juego. El rector manda levantar encuestas entre el alumnado para medir el nivel de aceptación de los diferentes aspirantes. Se integran *focus groups* para escoger al mejor. Se miden por separado las preferencias entre los alumnos de preparatoria y los de licenciatura. Como si fuera una elección entre partidos. Nada se deja al azar. No es solamente una contienda estudiantil. De su resultado depende el éxito de la *tercera etapa* en la historia de la UdeG. También, claro, se da la tradicional pasarela de los aspirantes con los funcionarios, porque las lealtades y los compromisos cuentan.

La decisión última favorece a César Iñiguez. Briseño mismo se lo comunica, en rectoría, un jueves. Al día siguiente, en casa del rector, se les informa a los demás aspirantes que el ganador es César. No todos quedan conformes.

Por el otro lado, Peña define a su candidato, César Barba. Inician los comicios. Cada día en una escuela diferente. Con todo el apoyo de rectoría, Iñiguez empieza ganando escuelas. Hasta que la orden llega desde arriba, desde más arriba que rectoría. Leobardo se sale del proyecto. También Patricia Retamoza. Tonatiuh. Cárdenas Cutiño. Todos se deslindan de la candidatura y el equipo del rector se queda solo. Se presiona a los rectores de los centros y a los directores de las preparatorias afines a César Iñiguez. El *Todos contra Alfredo Peña* se convierte en *Todos contra Briseño*.

Briseño se sabe derrotado. Todavía intentará un último recurso. Le pide, le suplica a Raúl Padilla, su mentor, su líder, en una llamada telefónica a deshoras, que le permita quedarse con la FEU. Apela a la larga amistad. A los sentimientos.

Raúl no concede. Sabe lo que pesa el control político de los estudiantes dentro de la Universidad, el peso histórico que tiene la representación estudiantil dentro del esquema de gobierno formal e informal de la UdeG.

Gana César Barba. La vicepresidencia será para César Iñiguez.

Es el primer quiebre de la relación.

Carlos Briseño comprende que no será el siguiente Raúl Padilla.

Todas las puertas le están cerradas al rector en la Universidad: ninguna se le abrirá si no es con la anuencia de Raúl Padilla. Pero el suyo es un sino que comparte con el PRI. Los priístas jaliscienses están en la orfandad, sin espacios de desarrollo político ni laboral.

Se perdió la gubernatura, y en la contienda presidencial Roberto Madrazo arrastró al PRI al tercer lugar. Tampoco se recuperó Guadalajara, lo que le hubiera permitido al Grupo, por conducto de un Leobardo Alcalá presidente, tutelar al priísmo de la entidad ante la ausencia de un mandatario estatal tricolor. Tonalá se perdió también. Tlaquepaque. Inclusive Zapopan, que tres años atrás apenas había rescatado para el PRI el propio Arturo Zamora. La debacle fue absoluta.

De allí que muchos priístas volteen a ver a la UDEG como una potencial fuente de empleo. Ello se complementaba además con la ambición no satisfecha de Carlos Briseño, alimentada precisamente por Arturo Zamora.

La dupla originalmente proyecta quedarse con el partido, con Zamora como su dirigente. Bajo el argumento de "no desperdiciar el liderazgo", y el llamado a no cometer el "error de Eugenio" —en referencia a que de acuerdo a este supuesto Eugenio Ruiz Orozco debió haber evitado la dispersión del PRI, misma que ocurrió cuando se alejó del estado tras perder la primer elección de gobernador para el PRI en la historia de Jalisco— bajo el principio, pues, de no dilapidar el capital político que daba la jefatura priísta, Zamora y Briseño se proponían no "dejar todo suelto", y mantener su autoridad dentro del partido.

Los arcanos del PRI dictan que el candidato a gobernador es el líder *de facto* del partido en el estado, pero solamente mientras dura la campaña: después, si triunfa, continuará siendo el jefe político de todos los priístas en la entidad, solamente por debajo del presidente de la República (si lo hubiera del PRI); si pierde, será vano esperar la ciega obediencia de sus correligionarios.

En política todos los vacíos se llenan. La dirigencia partidista a cargo del diputado Javier Galván Guerrero se atrinchera y rehúsa entregarle el PRI a Zamora (y por ende a Briseño). Frustrada la intentona, ambos, Carlos y Arturo, proyectan su siguiente movimiento: convertir al rector en el próximo candidato a gobernador del PRI.

Lo primero, tejer alianzas entre los militantes, y qué mejor que los espacios laborales de la universidad para ello: a Arturo Zamora, Briseño lo nombra director de la división de estudios jurídicos de la facultad de derecho, aun sin el pleno contento de Raúl; a Aristóteles Sandoval, que entonces trabajaba como abogado en el despacho de cobranza de la empresa operadora de tiendas departamentales, Fábricas de Francia, lo designa como director de los bufetes jurídicos de servicio social de la Universidad, con un sustancial aumento de sueldo al puesto.

Enseguida, Zamora convoca a un desayuno en La Casona de Avenida la Paz. Acuden Francisco Morales Aceves, José Socorro Velázquez, Margarita Gómez Juárez y Leobardo Alcalá, todos aspirantes a dirigir al PRI Jalisco, así como también Abel Salgado, Héctor Vielma, Jorge Aristóteles, Miguel Castro, Javier Guízar y el propio Javier Galván.

El anfitrión les anuncia su retiro de la política. *Les pido a mis amigos que le reconozcan a Carlos Briseño el liderazgo de este grupo.* Todos aplauden. *En mejores manos no podía estar,* es el coro de los presentes.

Queda implícito el aval a Briseño como candidato al gobierno en 2012. Para la alcaldía de Guadalajara, por el nuevo grupúsculo iría Jorge Aristóteles, cobijado por el padrinazgo de Carlos Briseño. Para Zapopan, Abel Salgado, protegido de Zamora.

Las dos antesalas: la rectoría de la UdeG y la notaría de Zamora. Todos los priístas tenían que hacerlas. *Tenemos la universidad, tenemos el PRI,* eran las cuentas alegres de la dupla.

Guízar y Galván dejan de acudir a las reuniones. Por el contrario, propician las suyas, bajo la proclama de que Briseño *ni priísta es.* Ellos eran los dueños del partido. Habían hecho, juntos, carrera desde las filas juveniles del PRI; venían de municipios pequeños —Ahualulco de Mercado y Autlán, respectivamente— y tras la derrota del PRI en Jalisco, en 1995, habían aprovechado la migración de la clase política tradicional a la capital del país para ganar espacios que les permitieron ser diputados locales primero, federales luego y finalmente hacerse de la dirigencia estatal del tricolor, con Javier Galván. Ellos, apenas en sus treinta y tantos, los usufructuarios de los años de oposición del PRI, no iban a regalar lo que tanto les había costado. De hecho, ya se habían valido de las divisiones entre la generación que les precedió para llegar donde estaban. Desde allí habían proyectado la candidatura a gobernador de Javier Guízar, sin éxito, pues Zamora había sido el elegido por Roberto Madrazo. Ahora, con Zamora derrotado, venía una nueva oportunidad. Javier Galván intentaría entregar la estafeta a su compadre Javier Guízar para, ahora sí, conquistar la postergada postulación.

Con otros militantes afines como José Luis Monterde y el consultor Gilberto Pérez Castillo, diseñan un esquema de renovación generacional. Todos los candidatos metropolitanos en el 2009 serían jóvenes. La apuesta al 2009 y al 2012 es por una nueva camada. Gilberto suma al proyecto a sus amigos, Héctor Vielma y Miguel Castro.

Se amarran los compromisos. Vielma para Zapopan. Aristóteles para Guadalajara, quien así lograba el respaldo de ambas facciones: Zamora-Briseño y los "javieres" (Guízar y Galván). A Tlaquepaque, Miguel Castro. Buscarían un perfil joven en Tonalá. El propósito era ganar el partido y no dejar que creciera nadie más. El compromiso, acatado por todos, apoyar a Guízar para que desde el PRI construya su candidatura al gobierno del Estado en 2012.

Hay un personaje clave, ajeno a ambos grupos: Ramiro Hernández García, senador. También, como Guízar, había contendido en las primarias contra Zamora, infructuosamente, y su recompensa había sido la posición del PRI en el Senado. Se trata además de uno de los colaboradores más cercanos a Beatriz Paredes, la líder nacional. Por esa relación de cercanía y confianza, Paredes delegó en Ramiro la decisión última respecto a quién habría de ser el dirigente estatal.

Con esa encomienda, Ramiro busca a Socorro Velázquez. *¿Cómo te llevas con Briseño y con Zamora?*, le pregunta. José Socorro se lleva bien con ambos. Ramiro lo insta a buscar su apoyo para que Socorro sea el próximo dirigente partidista.

Briseño y Zamora se comprometen con Velázquez. Su fórmula sería Claudia Delgadillo González, impulsada como secretaria general del PRI por Carlos Briseño y Aristóteles Sandoval. Briseño había sido padrino de generación de Claudia en la facultad y ella misma fue clave para conseguir el respaldo de Briseño a Aristóteles. Zamora y Briseño creen haber ganado el PRI.

Pero hay un cálculo que no tomaron en cuenta. Javier Guízar hace una visita a Raúl Padilla en su domicilio particular y le ofrece la secretaría general para quien él diga, a cambio de su aval para que Javier sea presidente. Se trata de una muy hábil jugada de Guízar: desactivar a Briseño y a Zamora acudiendo a quien es el jefe político de aquel, y dado el compromiso hecho por Zamora con Briseño, en consecuencia también de ambos. Así, la pretensión de Arturo Zamora y de Carlos Briseño será moneda de cambio para Padilla, quien, sin buscarlo, logrará la secretaría general del partido para un cuadro de su absoluta lealtad, Patricia Retamoza.

A Raúl Padilla, inesperado, pero el acuerdo le viene bien. De por sí, no estaba muy convencido del activismo priísta de Briseño. Consideraba que el uso que hacía Briseño de la rectoría como plataforma para la gubernatura, vulneraba a la Universidad frente a los gobiernos panistas tanto estatal como federal. A su vez, los demás integrantes del Grupo vieron en las aspiraciones de Carlos Briseño una fuente de tensión al interior del Grupo. Padilla no puede permitirse un cambio en los balances dentro de la universidad, lo que sin duda ocurriría con un rector con ascendencia política en el PRI, que, aún en desgracia, seguía siendo el principal partido de oposición. La misma posibilidad de que Briseño Torres fuera candidato y eventual gobernador daba al traste con todo equilibrio. El ofrecimiento que Guízar le hace es una oportunidad para recordarles a todos, priístas y universitarios, a la clase política toda, que él es quien manda. Y que no conviene moverse —políticamente, se entiende— sin su anuencia. El que Briseño fuera líder de un círculo al interior del PRI, no habría de significar que también fuera líder del Grupo Universidad en su relación con el PRI. Hacia el interior, la jefatura padillista era incuestionada. Hacia el exterior, el interlocutor con todos los actores políticos relevantes, más allá de los cauces institucionales, es y seguirá siendo Raúl Padilla López. Padilla aprovecha que Zamora, el principal aliado de Briseño dentro del PRI, había alimentado diferencias con el clan de los *javieres*. Y ellos se valieron de la situación interna de la UdeG para desactivar a su adversario interno en el partido, buscando la relación directa con el *factótum* de la Universidad.

Ello, por otra parte, era práctica habitual de Padilla López. Cuando algún actor universitario empieza a sobresalir en un ámbito de acción externa o interna, él promueve una relación directa con dicho actor. Si creces, te atrae a su esfera. Inteligentemente, apoyaba el desarrollo profesional de los universitarios en sus ámbitos particulares. Formaba e impulsaba cuadros en todos los frentes. En el poder judicial, promoviendo las carreras de universitarios para convertirse en jueces y magistrados. Hace lo propio con líderes de opinión y organismos ciudadanos. Por supuesto, dentro de los partidos políticos y los parlamentos y cabildos. Dividió a los actores partidistas universitarios en dos subgrupos: el Grupo UdeG-PRI, con Leobardo, Trino, Retamoza y Carlos Corona, como principales líderes; y el Grupo UdeG-PRD, con Raúl Vargas, Samuel Romero, Celia Fausto y Enrique Velázquez.

Por ejemplo: tras la derrota de Roberto Madrazo, Enrique Jackson Ramírez, quien también había pretendido la candidatura presidencial, anuncia sus intenciones de buscar la dirigencia nacional del PRI. Durante una visita a Jalisco, en una cena en casa de Raúl Padilla a la que acuden el empresario y político Raymundo Gómez Juárez y Arturo Zamora, el anfitrión compromete el apoyo de los priístas universitarios a Jackson.

Con lo que no contaba Padilla era que Beatriz Paredes habría de sumarse a la contienda. Carlos Corona, aún presidente de la FEU, recibe llamadas de diferentes políticos priístas. Por separado, Ismael Orozco y el exgobernador Carlos Rivera lo invitan a un desayuno con Beatriz Paredes en el Hotel Carlton, al que también son convocados otros más. Salvador Caro, José Manuel Correa. A todos les solicita Beatriz su apoyo. Concluido el encuentro, Paredes pide a Carlos Corona la acompañe durante su traslado en la camioneta.

Beatriz había perdido cuatro años atrás la anterior elección de la dirigencia nacional frente a Roberto Madrazo, y se había hecho cargo de la Fundación Colosio, cuya filial en Jalisco le había encomendado a Correa Ceseña. Había creado un consejo asesor de juventud, de reflexión, con jóvenes del país, encargando a Carlos Corona su coordinación. Le tenía aprecio.

Beatriz le pregunta a Carlos si cuenta con su respaldo. Corona responde inmediatamente que sí. *Se que Raúl ya se comprometió con Jackson,* le dice Paredes. *¿Crees que pueda contar con el apoyo de algún sector de la universidad?* Corona le marca allí mismo a Carlos Briseño y se lo comunica.

El grupo Universidad-PRI se reúne y toma el acuerdo de no lastimar la relación ni con Paredes ni con Jackson: Leobardo Alcalá y Patricia Retamoza se sumarán al proyecto de Enrique Jackson; Carlos Briseño y Carlos Corona trabajarán para Beatriz Paredes.

Finalmente, ella triunfa. Correa se enlaza telefónicamente con Corona. *Te va a llamar Beatriz. Te va a pedir que seas secretario de asuntos de la juventud del comité nacional.* En efecto, apenas colgar y ya estaba recibiendo la llamada de la nueva dirigente. *Se trata de una invitación personal,* le precisa Paredes, subrayando el hecho de que la invitación se la hace a Carlos Corona y no al Grupo UdeG.

Carlos le informa a Briseño, en quien reconoce a su amigo. Celebran la noticia. Luego le llama a Raúl Padilla, quien lo cita en su despacho. Padilla se muestra extrañado. Después de todo, la dirigencia nacional del PRD, a pesar de que el Grupo es en Jalisco la corriente hegemónica, solamente les cedió una cartera en el comité central, y ahora, siendo apenas una corriente minoritaria dentro del PRI local, el Grupo consigue igualmente un espacio en el plano nacional. Aun cuando no se le escapa la sutileza de que el ofrecimiento se la haya hecho Paredes directamente a Corona y no a él.

A los pocos meses, ocurre la renovación de la dirigencia estatal del partido, la que ya hemos narrado.

De golpe, Raúl Padilla, además de controlar al PRD a través de su incondicional Raúl Vargas, presidente de la dirigencia perredista en Jalisco, tiene ya la segunda posición en importancia dentro del organigrama de partido del otrora poderoso PRI, y ciertamente el que mayores posibilidades tiene de derrotar al PAN. Es cierto que recién perdió la alcaldía de Guadalajara con Leobardo. Sin embargo, ¿se acomodan las circunstancias para que su hermano Trino sea el próximo candidato a gobernador? ¿En una alianza PRI—PRD que acabe con dieciocho años de gobiernos del PAN? Sin salir de la sala de su casa. Todo el activismo de Briseño y Zamora y el recelo de los *javieres* sirvieron para eso.

Para Carlos Briseño es la segunda humillación. Primero fue el intento de quedarse con la FEU. Después con el PRI. Finalmente lo entiende: Raúl Padilla no le permitirá, nunca, superarlo. Ni dentro de la Universidad, ni fuera. No será gobernador, ahora lo sabe. No con su apoyo.

CAPÍTULO 7. LA PLAZA DE LAS TRES CULTURAS

Somos producto de 500 años de luchas: primero contra la esclavitud, en la guerra de Independencia contra España encabezada por los insurgentes, después por evitar ser absorbidos por el expansionismo norteamericano, luego por promulgar nuestra Constitución y expulsar al Imperio Francés de nuestro suelo, después la dictadura porfirista nos negó la aplicación justa de leyes de Reforma y el pueblo se rebeló formando sus propios líderes, surgieron Villa y Zapata, hombres pobres como nosotros a los que se nos ha negado la preparación más elemental para así poder utilizarnos como carne de cañón y saquear las riquezas de nuestra patria sin importarles que estemos muriendo de hambre y enfermedades curables, sin importarles que no tengamos nada, absolutamente nada, ni un techo digno, ni tierra, ni trabajo, ni salud, ni alimentación, ni educación, sin tener derecho a elegir libre y democráticamente a nuestras autoridades, sin independencia de los extranjeros, sin paz ni justicia para nosotros y nuestros hijos.

Pero nosotros *HOY DECIMOS ¡BASTA!*, somos los herederos de los verdaderos forjadores de nuestra nacionalidad, los desposeídos somos millones y llamamos a todos nuestros hermanos a que se sumen a este llamado como el único camino para no morir de hambre ante la ambición insaciable de una dictadura de más de 70 años encabezada por una camarilla de traidores que representan a los grupos más conservadores y vendepatrias. Son los mismos que se opusieron a Hidalgo y a Morelos, los que traicionaron a Vicente Guerrero, son los mismos que vendieron más de la mitad de nuestro suelo al extranjero invasor, son los mismos que trajeron un príncipe europeo a gobernarnos, son los mismos que formaron la dictadura de los científicos porfiristas, son los mismos que se opusieron a la Expropiación Petrolera, son los mismos que masacraron a los trabajadores ferrocarrileros en

1958 y a los estudiantes en 1968, son los mismos que hoy nos quitan todo, absolutamente todo.

Ejército Zapatista de Liberación Nacional, Declaración de la Selva Lacandona. Año de 1993

Carlos Briseño no es el primer UdeGeísta en querer ser gobernador. Desde que siendo mandatario José Guadalupe Zuno fundó la Universidad de Guadalajara, la vuelta al origen era ruta anhelada, pero aún sin recorrer.

Carlos Ramírez Ladewig lo intentó. Y posiblemente lo habría logrado, pues entonces gozaba de la más alta cima de su poder personal, que además coincidía con el momento de más alto poderío del priísmo, de no habérsele atravesado a ambos —al régimen y a su personero en Jalisco— el movimiento estudiantil del 68 en la ciudad de México y su trágico desenlace. Las historias del Grupo Universidad y del PRI Gobierno corren paralelas.

Los eventos de aquel año, al menos en la geografía de Jalisco y en el potencial impacto que desde la entidad pudieran haber tenido en el plano nacional —por obra u omisión— no se explican sin esta intención de Ramírez Ladewig. Y de igual manera, la historia posterior de Carlos Ramírez y del Grupo, de la UdeG y de Jalisco mismo, quedará marcada por las consecuencias de los sucesos de ese trágico dos de octubre.

Se trata de un relato espejo, que ejemplifica con toda claridad cómo la crisis del sistema político y su esquema de reproducción de prácticas y códigos en todos los ámbitos de la vida política nacional —un minipresidencialismo semiautoritario replicado en sindicatos y ejidos—, dicha crisis, que lo fue inicialmente de representatividad y después funcional, fue también la crisis del modelo FEG-UdeG, la pérdida irreparable de legitimidad del Grupo y de la FEG, que se agravó además por el juego político sucesorio, tanto federal como local.

Al iniciar 1968, el priísmo podía presumir muchos logros. El sostenido crecimiento de su economía y su estabilidad política le habían sido reconocidos a México por la comunidad internacional —y al régimen, por extensión— cuando, en octubre de 1963 y siendo presidente Adolfo López Mateos, el Comité Olímpico Internacional decidió encomendarle la organización de los Juegos Olímpicos del 68; los primeros juegos olímpicos organizados por un país de habla hispana y los primeros en Latinoamérica. Un año después, en octubre del 64, la FIFA anunciaba que la Copa del Mundo de 1970 se realizaría en México; la primer nación en organizar unos Juegos Olímpicos y una Copa Mundial en forma consecutiva.

Por su parte, en Jalisco, Carlos Ramírez Ladewig estaba plenamente consolidado como un actor político con peso propio. Mantenía firme el control de la Universidad a través del dominio que ejercía sobre el Grupo, en una combinación de prebendas y violencia. Con los suyos, Ramírez había establecido un funcional reparto de cuotas: aquellas escuelas fundadas durante la gestión de los presidentes de la FEG, quedaban bajo la tutela del ex presidente que correspondiera: incluida la designación de directivos y profesores y los presidentes de las sociedades de alumnos. Eran su coto. Y suya la responsabilidad de mantener el control político en dichas escuelas, replicando el esquema de canonjías y represión en su territorio.

El 15 de noviembre de 1963 Gustavo Díaz Ordaz fue ungido candidato del PRI para suceder a López Mateos, de quien fuera secretario de Gobernación. Un par de semanas después, el 4 de diciembre, es recibido por la cúpula udeGeísta en el Paraninfo "Enrique Díaz de León". Carlos Ramírez Ladewig es correspondido con su propia candidatura de diputado federal, la segunda, con cabecera en Atotonilco, tierra natal de Don Margarito, para el periodo 64-67.

En sus discursos de campaña Díaz Ordaz reconocía a las clases medias —burócratas, comerciantes y profesionistas— como principales destinatarios de los esfuerzos del régimen; y sus vástagos, los estudiantes, y en especial los universitarios y politécnicos, eran testimonio del cumplimiento de las promesas de la Revolución: los hijos privilegiados de la Revolución Mexicana.

Meses después, ya electo Díaz Ordaz —y Carlos Ramírez— Francisco Medina Ascencio es postulado por el PRI para gobernar Jalisco. De acuerdo con "Organizaciones y movimientos estudiantiles en Jalisco", obra del insigne historiador de la Universidad de Guadalajara, Alfredo Mendoza Cornejo, en diciembre del mismo año, 1964, el Grupo, o mejor dicho, Ramírez Ladewig, respalda la campaña de Medina Ascensio a cambio de la continuidad del apoyo económico y político del gobierno del Estado a la FEG. Y por supuesto, a cambio de seguir respetándose a Ramírez la tutela de la UdeG. También se designó a Genaro Cornejo candidato a diputado local por el décimo distrito, en refrendo del maridaje entre el PRI y la FEG, en el marco del PRI-Sistema.

Como resultado del compromiso, según la lectura de Mendoza Cornejo, la de 1965 será la primera sucesión en la rectoría donde la decisión es absoluta de Carlos Ramírez. Si la designación del anterior rector, Mendiola Orta, había sido todavía resultado de la negociación entre el gobernador Gil Preciado y Carlos Ramírez, en esta ocasión, Ramírez decide unipersonalmente que recaiga en la persona del ingeniero Hugo Vázquez Reyes, reconocido universitario a quien la enfermedad obligará retirarse un año después.

En su cenit, Ramírez Ladewig concibe el proyecto de ser el próximo gobernador del Estado. Después de todo, la FEG era uno de los pilares del PRI en Jalisco: Mendoza Cornejo documenta que por aquellos años del cheque de los profesores y trabajadores universitarios se descontaba obligatoriamente una cuota para el partido.

Desde su nacimiento en 1946, el Partido Revolucionario Institucional se articuló alrededor de los sectores: obrero, campesino y popular; el obrero aglutina organizaciones sindicales, la más fuerte de las cuales era la CTM, y cuyo dirigente, Fidel Velázquez Sánchez, era el líder de facto de los sectores en su conjunto; el campesino se integraba con las ligas agrarias y ejidos de la Confederación Nacional Campesina (CNC); el popular, por su parte, se conformaba con la burocracia, el sindicato de trabajadores de la educación, los pequeños comerciantes, los colegios de profesionistas y asociaciones de muy diversas ocupaciones, todos ellos bajo el cobijo de la Confederación Nacional de Organizaciones Populares (CNOP). El partido recompensaba la adhesión y disciplina de los sectores con candidaturas para sus líderes. En Jalisco, a cada uno de sus sectores el PRI les reservaba sus correspondientes distritos electorales, para que postularan a sus cuadros a las diputaciones respectivas.

Durante cuatro lustros la FEG en los hechos era *el cuarto sector* del PRI en la entidad. El espacio de formación política de los estudiantes de las secundarias, preparatorias y licenciaturas en el ámbito de la educación pública, así como de reclutamiento de cuadros juveniles para el régimen, no era el partido oficial, ni siquiera cuando en 1966 se crea el Instituto Político Nacional de la Juventud Mexicana del PRI con su consiguiente capítulo local, sino la Federación de Estudiantes de Guadalajara.

Claro que, así como el sector obrero se personalizaba para el caso de Jalisco en el cetemista Heliodoro Hernández Loza y en Francisco Silva Romero, jefe de la Confederación Revolucionaria de Obreros y Campesinos (CROC), el *sector estudiantil* era feudo de Ramírez Ladewig. Por otra parte, la pertenencia de Margarito Ramírez al PRI favorece la vinculación de la FEG con el partido de Estado. Don Margarito y Carlos, padre e hijo, consolidarán un coto irreductible en el distrito correspondiente a la región de Los Altos de Jalisco, con cabecera en el municipio natal de Don Margarito, Atotonilco, por el que Carlos fue diputado federal en 1955: sería la primera de diecinueve diputaciones que por mediación de ambos les serán otorgadas a los fegistas en los siguientes veinte años.

Luego entonces, ¿porqué no aspirar a gobernar Jalisco? Claro que Ramírez entiende que para ello debe limpiar la imagen de la FEG, que ante la opinión pública era una organización violenta. Porque en realidad lo era.

Parcialmente: la FEG no era un bloque monolítico. En realidad se trataba de un frente amplio que agrupaba en sus bases tanto a estudiantes vinculados con las juventudes del Partido Comunista como, en el espectro ideológico opuesto, jóvenes pertenecientes a asociaciones católicas. En medio, cuadros del Partido Popular fundado por Vicente Lombardo Toledano —socialista de la generación de Lázaro Cárdenas y Enrique Díaz de León—, que justificaban —los jóvenes y Lombardo— su respaldo al régimen como un paso intermedio entre la Revolución Mexicana y el inevitable socialismo ulterior. Los dirigentes de la FEG eran por supuesto priístas, con una lectura del priísmo cercana a la propuesta por Lombardo Toledano, es decir, aquella que interpretaba los gobiernos post-revolucionarios bajo la óptica marxista de la lucha de clases y la dialéctica del materialismo histórico.

Ello en el plano de las ideologías. En la práctica cotidiana, la FEG se divide en elementos violentos —porriles— y cuadros académicos.

Las elecciones en las escuelas se dirimen a golpes, no con debates. Consecuentemente los líderes estudiantiles no son aquellos con una mejor preparación académica o formación política, sino los mejores calificados para imponerse en una pelea campal, los *porros*. Los fegistas ideologizados —los verdaderos estudiantes— escribían manifiestos y pronunciaban los discursos en las elecciones y mítines de quienes sí eran designados candidatos, por sentencia inexpugnable del jeque y sus emires. Eran los *jilgueros*.

En la ruta de su propósito, Carlos Ramírez Ladewig recurre a ellos para lavarle la cara a la organización. Con inédito autoritarismo ilustrado, Ramírez impone dirigentes con perfiles respetables, diferentes a los que hasta entonces la habían caracterizado. Tal sería el caso de Jorge Enrique Zambrano Villa y también de su sucesor, Enrique Alfaro Anguiano.

Paradójicamente, Ramírez aún tendrá que valerse de la violencia para ejecutar su voluntad. Tuvo que sofocar el último brote de disidencia interna, al enfrentar la disensión de un viejo fegista, Montealberti Serrano, del ala violenta de la FEG, quien se arrogaba mayores méritos que los de un *jilguero* como Zambrano. Mendoza Cornejo documenta, en su obra citada, que José Guadalupe Zuno se valdría de la inconformidad de Montealberti para agitar las aguas universitarias: le otorga respaldo económico —le regala un carro para que lo venda— en el ánimo de complicarle las cosas a Ramírez Ladewig. El insumiso tendrá que ser secuestrado y golpeado para obligarlo a desistirse, y dejar la vía libre a Zambrano.

Nada parecía detener su sueño de ser gobernador.

Sin embargo, la política es veleidosa.

1968 es el año cero de la rebelión juvenil. En todo el mundo los estudiantes salen a la calle a hacer su revolución. En los *campus* universitarios de Estados Unidos se protesta contra la guerra de Vietnam; en Francia se reclama la imaginación al poder. Praga, Berlín. México no fue la excepción.

El despertar de los jóvenes como actores políticos le hará una grieta al sistema.

Un pleito en un partido de fútbol americano entre estudiantes de preparatorias vinculadas al Instituto Politécnico Nacional y la UNAM es disuelto por la policía, la cual detiene a los estudiantes y entra a las instalaciones de la escuela vocacional del IPN el 22 de julio. Varias escuelas hacen paro de labores en protesta por los actos de la policía.

Los acontecimientos se suceden con rapidez.

La marcha del 26 de julio, que coincide con otra organizada por el Partido Comunista para conmemorar el inicio de la Revolución Cubana. Los estudiantes demandan la destitución de los jefes de la policía del Distrito Federal. El Ejército se mete a las escuelas. El 30 de julio el Ejército dispara un *bazucazo* en la Escuela Nacional Preparatoria 2.

Es la peor crisis que haya enfrentado el PRI-sistema. Con el agravante de la proximidad del inicio de los Juegos Olímpicos. El riesgo de cancelaciones por parte de turistas y delegaciones deportivas. A los ojos del presidente, se trata de una acción deliberadamente alimentada por grupúsculos extremistas que se valían de la inconformidad juvenil para afectar la imagen internacional de México. Díaz Ordaz sospecha de intromisión de la CIA, de la KGB, de oscuras y perversas intenciones.

El ascenso del movimiento estudiantil deja a Carlos Ramírez Ladewig en una disyuntiva.

Independientemente de la resolución que tome, entiende que habrá elevados costos. O mantiene su alianza con Díaz Ordaz y el PRI, recientemente refrendada (apenas en 1966 el Consejo General Universitario declaró "Maestro Emérito" a Díaz Ordaz), o, por el contrario, la FEG se suma a las protestas: si hacía esto último, ello significaría evidentemente un rompimiento con el sistema y por ende la renuncia al empeño de Carlos Ramírez de ser candidato a gobernador por su partido en 1971; de no hacerlo, se abrían las puertas para que se legitimara y desbordara su oposición interna en la UdeG. Era una situación en la cual no se podía ganar.

El respaldo de la FEG al movimiento, tratándose, como era el caso, de la organización estudiantil más grande de América Latina, tenía sin duda el potencial de convulsionar al país. No era una decisión menor.

En principio, las tendencias ideológicas de Ramírez Ladewig lo hacían simpatizar con los jóvenes: en la imprenta de la Universidad aguardaban cientos de ejemplares ya impresos de un manifiesto de solidaridad que Carlos Ramírez había encargado.

Pero también, conforme el movimiento crece, Ramírez lo observa con desconfianza. A sus allegados comenta que era manipulado y que respondía a intenciones políticas ajenas a los estudiantes. Dudaba de su limpieza. Había argumentos —digamos legítimos— para no sumarse.

Sin embargo, discrepante con la interpretación anterior, Ramírez Ladewig presentará una más elaborada años después: durante la celebración de la Primera Jornada de Ideología Universitaria, octubre de 1973, Carlos Ramírez trata de justificar la posición de la FEG frente a la comunidad universitaria, en un intento de reivindicación histórica, con el argumento de que de haber triunfado el movimiento estudiantil (bajo la premisa ramirista —errónea— de que se proponía hacer la revolución y tomar el poder), Estados Unidos hubiera intervenido en México como ocurrió en República Dominicana y como lo hizo la Unión Soviética en Checoslovaquia por aquellos años. En sintonía con esta lectura (sin el tremendismo de la supuesta lucha revolucionaria), en 1977, en un foro de reflexión ideológica similar pero que entonces lleva ya por nombre "Carlos Ramírez Ladewig", Enrique Alfaro Anguiano, presidente de la FEG durante los hechos del 68, señalaría que "la FEG no participó y lo hizo de forma consciente y deliberada (...) por que no quisimos enfrentar a la masa estudiantil inerme a las fuerzas represivas (...) por que no quisimos ver nuestras instituciones ocupadas por el Ejército en aras de un movimiento, que independientemente de sus fines nobles (...) en el fondo desconocíamos (...) por lo cambiante, por la carencia de metas concretas."

Más allá de lo justificado o no de tales argumentos, lo que Carlos Ramírez nunca reconocería públicamente era que sobre todo estaba en juego su proyecto político personal.

Hay otra consideración política: el también jalisciense general Marcelino García Barragán, secretario de la Defensa, y su hijo, Javier García Paniagua, son aliados y amigos muy cercanos de Ramírez Ladewig, principalmente Javier; y es el Ejército Mexicano —comandado por Don Marcelino— el que está en las calles y escuelas de la ciudad de México, hecho que sin duda influye en la deliberación y los cálculos de Ramírez.

Por lo demás, el gobernador Francisco Medina Ascencio expresamente le solicita apoyo para evitar un brote de rebelión en Jalisco. ¿Qué no era para eso que el sistema le había entregado a Carlos la universidad entera como su cuota?

El mismísimo titular de la Secretaría de Gobernación del gobierno federal, Luis Echeverría Álvarez, contacta en lo personal a Carlos Ramírez, y lo compromete a mantener a la FEG fuera del movimiento y a éste fuera de la UdeG.

La decisión última será entonces elevar la apuesta de la alianza institucional con el PRI-Gobierno. Y jugar su suerte junto con la del sistema.

Llega la contraorden de Carlos Ramírez. El manifiesto de respaldo a los estudiantes de la capital y sus impresiones van a la basura. *Hay muchas manos metidas. Enemigos del régimen. Carlos Madrazo. Lopezmateístas resentidos. La* CIA. *No entremos a una aventura*, argumenta Ramírez.

Mientras en la capital del país, treinta mil estudiantes de la UNAM y su rector izan la bandera mexicana a media asta como luto y condena de los hechos de represión a los estudiantes y la violación a la autonomía universitaria, en Guadalajara, en cambio, ese mismo día, primero de agosto, el presidente Díaz Ordaz inaugura en Los Belenes la Escuela de Agricultura de la UdeG, y la FEG le expresa "nuestro apoyo y adhesión a su política revolucionaria: tenemos plena conciencia de lo que México lucha en estos momentos por su porvenir y los jóvenes sí estamos conscientes de nuestra responsabilidad; (...) hay que salvar lo que más vale de México, corregir lo que deba corregirse, reformar lo que deba reformarse y conservar lo que deba conservarse". Se despliegan mantas de apoyo: *La juventud es antes que todo, mexicana:* FEG; *En estos momentos la juventud está con usted:* FEG.

Unas horas después, en una comida que le es ofrecida por Medina Ascencio, Díaz Ordaz improvisa su discurso: se reconoce "herido y lacerado" por "la pérdida transitoria de la tranquilidad en la capital de nuestro país por algaradas en el fondo sin importancia"; hace homenaje a "la sangre y vida de nuestros héroes" y declara:

¿No vale la pena que todo eso que con tanto esfuerzo, con tantas vidas, con tanto sacrificio hemos logrado reunir como acervo valioso para dejarlo a nuestros hijos y nuestros nietos, no vale la pena que lo defendamos y lo cuidemos? Por supuesto que sí. ¿Y qué pedimos? ¿Muy grandes sacrificios para defender ese insustituible, invaluable tesoro que hemos logrado ir juntando? No, lo único que pedimos es que se vean con objetividad los hechos, serenidad, ponderación, ecuanimidad; que no ahondemos más las diferencias; sin

perder la dignidad —que no debemos perderla jamás ningún mexicano— (...).
Eso es lo que pedimos. A eso exhortamos a los mexicanos todos, a todos los
mexicanos, en la inteligencia de que me incluyo naturalmente yo: a olvidar
el amor propio, a disminuir diferencias, a acercarnos por lo mucho que nos
une y volver a la tranquilidad tan necesaria que favorece, que beneficia a todos: al agricultor, al ganadero y al industrial, para producir; al comerciante,
para vender y comprar; al abogado, al ingeniero y al médico, para ejercer sus
profesiones; al estudiante para estudiar; a la madre para amar; a todos, para
servir a nuestra Patria.

Una mano está tendida: es la mano de un hombre que a través de la
pequeña historia de su vida ha demostrado que sabe ser leal. Los mexicanos
dirán si esa mano se queda tendida en el aire, o bien esa mano, de acuerdo
con la tradición del mexicano, con la verdadera tradición del verdadero, del
genuino, del auténtico mexicano, se vea acompañada por millones de manos
de mexicanos que, entre todos, quieren restablecer la paz y la tranquilidad
de las conciencias.

El discurso presidencial, claro está, no surte efecto, y su mano
queda tendida; al día siguiente, el dos de agosto, la UNAM, el Politécnico Nacional, la Escuela Nacional de Maestros, la Escuela
Nacional de Antropología e Historia y la Universidad Autónoma
de Chapingo constituyen el Consejo Nacional de Huelga con la
representación de setenta y cinco escuelas. Se les sumarán las universidades en Yucatán, Coahuila, Morelia, Guerrero, Nuevo León,
Chihuahua, Veracruz, Puebla, Sinaloa e Hidalgo. Escuelas priva-
das como la Iberoamericana y Lasalle. Integran delegaciones para
buscar aliados en los campus del interior del país. Entre las delegaciones que se constituyen está la que visitará Jalisco.

Brigadistas de la UNAM buscan la solidaridad de los universitarios jaliscienses; la encuentran en algunos estudiantes no alinea-
dos a la FEG. Las reuniones se hacen en las casas, o en el Café
Madoka, por temor a los informantes que para esos fines tenía la
Federación en los centros escolares.

Estos brotes de simpatía son fácilmente contenidos sin necesidad de mayor violencia por la dirigencia de la FEG. Aún gozan del
consenso de las masas despolitizadas de estudiantes.

En tanto, en la ciudad de México el movimiento crece. Las
clases medias avalan y se incorporan a las protestas. Madres de
familia. Profesionistas. Marchas multitudinarias el cinco, el trece,
el veintisiete de agosto. Marchas con más de cien mil personas.

Muchas de ellas insultando a gritos al presidente. Hay cada vez más obreros y trabajadores en las marchas.

Manifestantes que pretenden acampar en el Zócalo son desalojados por el Ejército.

El primero de septiembre, durante su informe anual de gobierno, Díaz Ordaz, advierte: "no quisiéramos vernos en el caso de tomar medidas que no deseamos pero que tomaremos si es necesario: hasta donde estemos obligados a llegar llegaremos".

La FEG, por supuesto, en su comentario público al informe ofrece "absoluto respaldo al presidente de la República *para que hiciera uso de la fuerza federal*". El cinco de septiembre en reunión del Consejo General Universitario, tal y como lo consigna el periodista y analista Hermenegildo Olguín Reza en su libro "A la sombra del árbol y lejos", se firma una declaración pública dirigida al presidente ("treinta mil universitarios de esta casa de estudios comentan con satisfacción el cuarto informe de su administración"), en la que se le ofrece "la colaboración de los universitarios en el desarrollo de los Juegos Olímpicos para cumplir el compromiso patriótico de México".

Gustavo Díaz Ordaz encuentra en los estudiantes de la FEG el apoyo y la comprensión que se le niega entre los universitarios de la UNAM, del Politécnico, entre sus maestros "comunistas", que el trece de septiembre, marchan, juntos con sus padres, en silencio.

De regreso de las vacaciones veraniegas, el dieciséis de septiembre, en la Facultad de Filosofía y Letras de la Universidad de Guadalajara los estudiantes Gabriel Vargas y Clemente Castañeda proponen que la facultad exprese su adhesión al pliego de peticiones; se convoca a una asamblea a finales de septiembre para declarar un paro de tres días.

De acuerdo con la remembranza que de los hechos harían estudiantes opositores a la FEG tales como Jorge Alarcón, Bonifacio Mejía Segundo y Samuel Meléndrez Luévano, líder del Partido Comunista, y la cual recoge en el libro "Los vikingos, una historia de lucha política social" sus autores Jesús Zamora García y Rodolfo Gamiño Muñoz, el gobierno del Estado, a través de la XV Zona Militar, habría entregado pistolas, metralletas y volkswagens ("vochos") azul claro a la FEG, para que controlara eventuales insurrecciones. Según esta versión, con el armamento entregado las cuadrillas de la FEG, en coordinación con el Servicio Secreto estatal, patrullan las escuelas para impedir que se fije la 'propaganda comunista' por la noche. Estas brigadas y sus líderes reconvendrán a los rebeldes para que cesen en sus intentos de propagar la solidaridad de los estudiantes tapatíos hacia los capitalinos. La FEG toma en los hechos la Universidad.

El 18 de septiembre el Ejército invade la Ciudad Universitaria de la UNAM. El 23 el rector presenta su renuncia, sin que le sea admitida por la junta de gobierno.

El 24 son ocupadas por los militares las instalaciones del IPN en el Casco de Santo Tomás.

El 30 de septiembre sale el Ejército de los recintos universitario

Se convoca un mitin en Tlatelolco para el 2 de octubre.

Esa noche, un comando que entre sí se identifica con su corte de cabello de tipo militar y guante blanco dispara contra el Ejército, que repele la agresión. En el fuego cruzado son masacrados decenas y quizá cientos de jóvenes mexicanos. Es la noche más negra de México.

El alineamiento de la FEG con el sistema priísta durante el 68 tendrá altos y diversos costos.

La FEG queda deslegitimada, por haber respaldado a un régimen que recurrió al genocidio para acabar con un movimiento juvenil, a un gobierno que masacró a sus estudiantes. Dicho respaldo resultaría aun más evidente meses después, cuando en marzo de 1969, el gobernador, el alcalde de Guadalajara y el presidente del PRI estatal acuden a la toma de protesta del nuevo presidente de la FEG, Fernando Medina Lúa, quien en su discurso, reciente aún los sangrientos hechos de octubre, reconoce en el presidente Díaz Ordaz al "guía de la Revolución". Pese al eventual enfrentamiento de la FEG con el sistema político en los setenta —por los hechos que a continuación narraremos—, la organización quedará estigmatizada como un esquirol del PRI-Gobierno.

La FEG intentará rescatar su legitimidad simulándose contestataria; organizó manifestaciones en pro de la lucha revolucionaria de otros países. Por ejemplo, en 1969 realiza un mitin en contra de la guerra de Vietnam, en el que coincidirían con los Vikingos, una pandilla juvenil con la que tejerá una historia aparte, teñida igualmente de sangre. Tales esfuerzos serán inútiles: la FEG, autoproclamada socialista y admiradora de la Revolución Cubana, había caído ya irremisiblemente en sus propias contradicciones. Aquellas que la desnudaban como un aparato de estado, cuya función no era la representación de los intereses de los estudiantes, sino su cooptación, e incluso, su represión violenta, para el servicio de la ambición política de una camarilla. Como le ocurrió al sistema mismo, que la prohijó.

Además de la pérdida de legitimidad, tanto del régimen como de su réplica local, la otra consecuencia, de mayor gravedad por tratarse de hechos que devendrían sangrientos, fue la radicalización de la oposición a la FEG.

Tlatelolco radicalizó a un sector de jóvenes mexicanos que encontrarían en la guerrilla urbana, con razón o sin ella, la única forma de transformar aquel sistema que de forma tan atroz había respondido a las demandas democratizadoras. Entre los grupos guerrilleros formados estuvo el Frente de Liberación Nacional. Un desprendimiento del mismo eventualmente mutaría en el Ejército Zapatista de Liberación Nacional, mayoritariamente indígena, que en 1994 declara la guerra al Estado Mexicano desde Chiapas.

La desnudez de la simbiosis de la FEG con el régimen la haría objetivo de guerra por parte de esos mismos grupos guerrilleros, uno de cuyos núcleos, como veremos más adelante, se formó precisamente en Jalisco, derivado de los enfrentamientos provocados por el cierre de filas post-Tlatelolco entre el PRI-Gobierno y la FEG.

El pecado de origen de la FEG era su sumisión a los designios de Carlos Ramírez Ladewig. Es entendible, en el contexto de su búsqueda de la candidatura priísta al gobierno estatal, el cuidado que tuvo Ramírez Ladewig de no confrontarse con el sistema, sino al contrario, de serle útil para evitar la propagación del movimiento en Jalisco, como en sí le correspondía por la función que el sistema le había otorgado a cambio de las prerrogativas de que gozaba.

Es absolutamente irrelevante si la decisión tomada por Ramírez de respaldar al presidente Díaz Ordaz obedeció a una consideración legítima, ya sea evitar un mayor derramamiento de sangre o desconfiar de las motivaciones del movimiento; es irrelevante porque después de la evidencia de la masacre no hubo rompimiento con el PRI, sino por el contrario, el refrendo de la alianza.

En todo caso, la apuesta traería malos dividendos políticos para el líder de la FEG.

Los hechos del 2 de octubre, además, impactarían en la política local por el hecho de haber sido decisivos en la valoración que Díaz Ordaz hace de quien habrá de sucederlo en la presidencia de la República.

La sucesión queda tocada por Tlatelolco. El papel del Ejército ese verano cancela toda posibilidad de que un militar ocupara la presidencia, descalificando a Corona del Rosal, gerente del Distrito Federal, quien entonces era uno de los precandidatos más fuertes y que era además apoyado por Marcelino García Barragán, aliado político de Ramírez Ladewig —y tal vez su padrino en la intención de alcanzar la candidatura estatal.

En cambio, Tlatelolco fortalece al secretario de Gobernación, Luis Echeverría Álvarez, quien para muchos, habría manipulado el conflicto precisamente con ese propósito. Los trágicos sucesos lo habían convertido en la única carta de la cual echar mano que le quedaba a Díaz Ordaz.

Es el fin de Carlos Ramírez Ladewig.

CAPÍTULO 8. MAFIA Y GUERRILLA

> Las tropas auxiliares son aquellas que se piden a un príncipe poderoso para que nos socorra y defienda, tal como hizo en estos últimos tiempos el papa Julio, cuando, a raíz del pobre papel que le tocó representar con sus tropas mercenarias en la empresa de Ferrara, tuvo que acudir a las auxiliares y convenir con Fernando, rey de España, que éste iría en su ayuda con sus ejércitos. Estas tropas pueden ser útiles y buenas para sus amos pero para quien las llama son casi siempre funestas; pues si pierden, queda derrotado, y si gana, se convierte en su prisionero.
>
> Nicolás Maquiavelo, El Príncipe. *De los soldados auxiliares, mixtos y propios.*

La inminente llegada de Luis Echeverría Álvarez a la presidencia de México tuvo consecuencias inmediatas para el Grupo y la Universidad.

Por una parte, como correspondía a las reglas del sistema, Echeverría designa a Alberto Orozco Romero candidato del PRI al gobierno de Jalisco, frustrando las aspiraciones de Carlos Ramírez Ladewig.

Es una decisión lógica, dada la cercanía de Ramírez Ladewig con Marcelino García Barragán. Para el secretario de la Defensa en la administración de Díaz Ordaz, nunca quedó del todo clara la participación del secretario de Gobernación, Echeverría mismo, durante la emboscada al Ejército en Tlatelolco. Por ello, había sido el general quien a través del presidente nacional del PRI, Alfonso Martínez Domínguez, le transmitió al todavía presidente de la República el descontento de la milicia con el candidato Echeverría, cuando en una visita durante su campaña a la Universidad de Michoacán, llamó a un minuto de silencio en memoria de los estudiantes muertos en la Plaza de las Tres Culturas. García Barragán insistía a Martínez Domínguez sobre la necesidad de convencer al presidente de que "enfermara" a Echeverría y le retirara la candidatura presidencial. Ello no ocurrirá, por supuesto. Díaz Ordaz recrimina a Echeverría su proceder y éste busca a García Barragán en su rancho en Jalisco para hacer las paces. El encono, acaso, permanecería.

Pero además de esa relación política que en poco favorece el proyecto político de Ramírez, había otra circunstancia, acaso de mayor peso, que hará caer su fortuna con el ascenso de Echeverría: el nuevo candidato presidencial está casado con María Esther Zuno, hija de Don José Guadalupe Zuno Hernández.

En la génesis de la FEG está la lucha de poder entre tribus del PRI en Jalisco: una pugna de familias dentro de la gran familia revolucionaria.

Los Zuno y los Ramírez versus los González Gallo.

Derrotados los Gallo, queda por saldarse una añeja rivalidad. Ya una vez Margarito Ramírez había traicionado a Zuno Hernández: aquella en que habiendo alcanzado la gubernatura con el respaldo de Zuno, Ramírez rompe sin embargo con él.

Con la alianza reestablecida en los años del cardenismo, refrendada durante la pugna con González Gallo, José "Pepe" Guadalupe Zuno Arce, hijo del ex mandatario, es presidente de la FEG entre 1955 y 57, avalado claro está por el *neo* fundador de la organización, Carlos Ramírez Ladewig.

En 1959, Pepe Zuno empuja a Bernardo Gutiérrez Ochoa para suceder a Genaro Cornejo. Quiere romper con la tutela ramirista. No lo consigue. Carlos logra imponer a su propio candidato, Adalberto Gómez Rodríguez. Es la ruptura entre los Zuno y los Ramírez, de nuevo.

Pepe Zuno participaría también, ese mismo año, en el movimiento de huelga de los ferrocarrileros dirigido por Demetrio Vallejo y Valentín Campa, mismo que fuera reprimido por el gobierno de Adolfo López Mateos bajo la operación política de su secretario de Gobernación, Gustavo Díaz Ordaz. Pepe fue hecho preso y sería liberado por la intercesión de su padre, pero con el compromiso de ya no participar en política.

Septiembre de 1970: Carlos lee los tiempos. Su sueño de ser gobernador, fallido. Entiende además que su era en la Universidad se ha agotado: el presidencialismo en México es omnímodo; sabe que los Zuno regresarán por el control de la UdeG, esta vez con el respaldo de la presidencia de la República. Nada queda por hacer. Decide retirarse del Grupo.

El día 21 Carlos Ramírez convoca a su domicilio particular al Grupo. Acuden Genaro Cornejo, el diputado local Adalberto Gómez, Ignacio Mora Luna, Hermenegildo Romo, Enrique Zambrano, Enrique Alfaro y Fernando Medina Lúa (todos ellos en su momento presidentes de la FEG). Hay decaimiento. Desánimo. Frustración. Les anuncia su retiro. Genaro Cornejo también renuncia. Los demás deciden continuar. Ramírez se exilia en el Distrito Federal y se refugia en su biblioteca.

No se equivocó. Los Zuno sí irán por la Universidad. Y para eso se valdrían del surgimiento de una expresión juvenil que brotó de los barrios populares de la ciudad: los Vikingos.

La intentona de los Zuno por arrebatarle a los Ramírez el cacicazgo de la UdeG no era nueva. Ya desde 1968, cuando su yerno/cuñado Echeverría era el número dos de la administración diazordacista, nacía el vínculo entre los Zuno y los Vikingos. Se antoja inverosímil suponer que sus maniobras eran desconocidas por el entonces ministro del interior, tanto por la relación familiar como porque a su cargo estaba la policía política y los servicios de inteligencia del régimen.

En un principio, los Vikingos eran una pandilla que se reunía en el barrio popular de San Andrés en Guadalajara. Crece, constituyéndose en una federación de pandillas, entre las que se encontraban las de San Onofre, Analco, Morelos y El Fresno. Como era de esperarse, se liaban a golpes con los rivales de los barrios vecinos. Hasta que iniciaron su politización.

Inicialmente, según consigna uno de sus fundadores, J.J. Morales Hernández en sus "Memorias de un guerrillero", buscaron quedarse con los comités estudiantiles de las preparatorias en las que estudiaban. Arnulfo Prado Rosas "El Compa" y Enrique Guillermo Pérez Mora "El Tenebras" impusieron su liderazgo en la Preparatoria 4 junto con Efraín González Cuevas "El Borre" y Eligio Álvarez Carvajal. Presentaban candidatos propios en las escuelas, desde secundarias hasta facultades, enfrentándose con los postulados por la FEG. Entre golpes y balas, en una pelea en la que intervinieron vikingos de los barrios, lograron arrebatarle a la FEG la sociedad de alumnos de la Escuela Preparatoria de Jalisco, con Oscar González. Ganaron también la Preparatoria 2, con Javier Prieto Aguilar en el turno matutino y Sergio Aguayo Quezada "El Monaguillo" en el vespertino. Así, los Vikingos logran controlar la Preparatoria de Jalisco, la preparatoria número 2, la Vocacional y la preparatoria 4. En todos los casos derrotaron a los candidatos del Grupo y de Carlos Ramírez Ladewig.

El Grupo responde expulsando a los vikingos más combativos de la Universidad. Además, Ramírez recurre a su alianza con el gobernador Medina Ascencio. La policía asedia a los Vikingos por su participación en actos de violencia callejera. El acoso policial y su decisión de influir en la vida política del estado los llevó a buscar cobijo político. Lo encontraron en los Zuno.

Era un matrimonio por conveniencia. Para los Vikingos, la FEG era un brazo de control político-policiaco del régimen que había que combatir. Para los Zuno, se presentaba la oportunidad de reclamar su derecho de sangre.

Andrés Zuno Arce, jefe de la Logia Masónica de Occidente, será el enlace. Andrés les asegura a los líderes vikingos contar con el apoyo de su familia, y sobre todo, de su cuñado. A pesar de la desconfianza de algunos de ellos, aceptan la alianza con los Zuno: Andrés será el nuevo líder, sustituyendo al vikingo Flavio Macías Rivera, en una decisión que tomará este último por lo que supuso era el interés de la banda.

La primera acción fue cambiar de nombre. Hicieron a un lado el de Vikingos —cuando menos en la faceta de lucha política— y tomaron el de Juventudes Juaristas, tanto por la veta liberal-masónica de sus nuevos padrinos, como para legitimarse al cobijo del nombre de un héroe de la patria, en un intento por desvincularse de la nota roja que hasta entonces retrató a los Vikingos ante la opinión pública. Como tales se constituyen en el fatídico año de 1968.

De la mano de sus nuevos padrinos intentan adherirse al PRI. Son rechazados. Su presidente estatal, José Martín Barba, les niega el ingreso colectivo bajo el argumento de que el PRI ya tenía un sector juvenil, cuyo dirigente era Eugenio Ruiz Orozco. El PRI les cerraba las puertas.

El movimiento del 68 provocó una tregua entre los Zuno y los Ramírez. Después de todo, ambos pertenecían al sistema. Luis Echeverría, el yerno/cuñado, era además aspirante presidencial; aquello no podía ponerse en riesgo. Una vez resuelto el conflicto y con la consiguiente postulación del candidato priísta en noviembre del 69, las hostilidades se reanudan.

A principios de 1970, Don José Guadalupe Zuno Hernández publicó una carta en la revista Siempre, en donde señalaba como "intolerable la situación a la que se había llegado en la universidad bajo el dominio de la FEG, y llamaba a las 'fuerzas sanas' a expulsar a la mafia y sanear la máxima institución cultural de Jalisco", según recuerda en un artículo publicado en la Revista Nexos en junio de 1982 Gustavo Hirales, ex guerrillero de la Liga Comunista 23 de septiembre. El propio Hirales asegura que los Vikingos recibían armas y dinero de parte de Andrés Zuno. Iban a una guerra sangrienta, que suponían corta, bajo el supuesto de que al llegar Echeverría a la presidencia se le retiraría el apoyo federal a la FEG.

El 21 de septiembre de 1970, un día después del anuncio que Carlos Ramírez hace al Grupo de su retiro de la política, Andrés Zuno convoca a las Juventudes Juaristas por la noche. Acuden también jóvenes del Partido Comunista y del Partido Popular Socialista. Durante la reunión, Andrés les trasmite la orden de apoderarse de la Casa del Estudiante de la FEG, ubicada a un lado del templo de San Francisco, sobre la calle Colón.

En la madrugada del 23 de septiembre un comando armado de las Juventudes Juaristas toma por asalto la Casa y expulsa a los fegistas que allí estaban. El inmueble le había sido entregado al FESO por el presidente Cárdenas: de alguna manera se trataba de un acto de alto contenido simbólico, de restauración.

Los insurgentes se constituyen como Frente Estudiantil Revolucionario —el FER. Eligen el nombre de "Frente" y no el de "Federación" porque se consideran un frente de lucha social, más allá de la representación estudiantil. Andrés Zuno informa a la prensa sobre su creación y se presenta como su vocero y representante.

José Guadalupe padre es llamado por el gobernador Medina Ascencio. Platican. La familia se desvincula de Andrés. El 26 es trasladado por su padre a la ciudad de México. La naciente FER se siente traicionada.

Abandonados a su suerte por los Zuno, los jóvenes se atrinche-
ran en la Casa del Estudiante. El día 29, a pesar de estar rodeados
por la policía, el Comité Coordinador del Frente decide hacer una
serie de mítines en las escuelas del área del Politécnico para llevar
su mensaje. Se presentan en la Escuela Vocacional, ante un reci-
bimiento entusiasta. Después visitan la Facultad de Ciencias Quí-
micas con una mejor recepción, pues en la escuela había cuadros
que militaban en el Partido Comunista. De allí a la Escuela Politéc-
nica, engrosado el contingente, alrededor del mediodía. En plena
arenga del FER llegaron vehículos con integrantes de la FEG por
avenida Revolución, entre ellos su presidente, Fernando Medina
Lúa, armados —según el testimonio de Francisco Martínez en su
libro *Jóvenes de los setentas*— con rifles M-1 y pistolas calibre .45.

Se suscita un enfrentamiento armado durante más de una hora,
del que cada una de las partes acusaría a la otra. Cae herido Medina Lúa. Los mismos militantes del FER lo llevan a las puertas del
hospital por avenida Francia y huyen. Por parte del FER hay seis
muertos y veintisiete heridos. Fueron detenidos treinta miembros
del frente y consignados once, en un operativo en el que habrían
participado alrededor de trescientos soldados en autos civiles según el dicho de los propios *feristas*. Quienes lograron escapar se
refugiaron en la clandestinidad. Esa misma noche el Ejército y la
policía recuperan la Casa del Estudiante. La Casa es demolida.

Pese a que el 10 de octubre el aún presidente Gustavo Díaz Ordaz mandó su avión particular a Guadalajara para trasladar a Medina
Lúa a recibir atención médica en la capital del país, el 2 de noviembre, un mes después del enfrentamiento en el Politécnico, muere.
Su cuerpo es recibido por el gobernador del Estado, el rector, el
comandante de la zona militar y el jefe de la policía de Guadalajara.

La violencia no amaina. Unos días después, el 23 de noviembre, pistoleros de la FEG matan a Arnulfo Prado Rosas, "El Compa",
líder moral de los Vikingos.

Se responsabilizaba a Carlos Ramírez de la violencia ("jefe de
porros", se le dice), por lo que publica un desplegado en la prensa
deslindándose de la misma, en lo que fue un llamado de atención
más o menos explícito a los actores de la FEG que respondían a su
liderazgo. Los cabecillas fegistas lo buscan en la ciudad de México.

Cornejo, Zambrano, Alfaro y Gómez Reyes. *El único que puede poner orden eres tú. Tú eres el único que puede ser el líder.*

Esta petición coincide con otra, a un más alto nivel. Carlos Ramírez es exhortado a regresar de su retiro por el presidente electo Luis Echeverría Álvarez, quien expresamente se lo pide. A cambio —además del reconocimiento a su autoridad política dentro de la udeg—, se le entregarían posiciones de gobierno. Suya sería la delegación del imss en Jalisco, por ejemplo.

Carlos acepta, habiéndole refrendado el Grupo la jefatura: reestablecida la alianza con el régimen. *No puedes pelearte con el presidente de México,* les dice a los suyos. A su hermano Álvaro le pide que se acerque a los Zuno para pactar una tregua. Y entonces el sistema —rearticulado— procede al unísono para acabar con el fer.

Si en efecto Echeverría habría dado su aval para el asalto de la Casa del Estudiante, y de fondo, para armar los comandos de las Juventudes Juaristas así como su vínculo con otras organizaciones radicales de izquierda, o si por el contrario, se trató de una línea política del patriarca de los Zuno y sus vástagos, o inclusive, si como al final se dijo, únicamente uno de ellos era el instigador del "golpe de estado" al liderazgo ramirista en la Universidad ("la aventura de Andrés"), es tema aún sin resolver.

En cualquier caso, ¿por qué tomar la decisión de iniciar el enfrentamiento el 23 de septiembre? ¿Por qué no esperar a que Echeverría accediera a la presidencia un par de meses después?

Seguramente la selección de la fecha se hizo en homenaje al ataque de una guerrilla liderada por el profesor Arturo Gámiz García al Cuartel de Madera, Chihuahua, ocurrido el 23 de septiembre de 1965. En 1970 se habían integrado algunas células guerrilleras en lo que se llamó Movimiento de Acción Revolucionaria 23 de Septiembre (mar-23). De hecho, eventualmente, el 15 de marzo de 1973 el fer se fusionaría junto con otras agrupaciones estudiantiles de Monterrey, Sinaloa, el ipn y la unam con el mar-23 para fundar la Liga Comunista *23 de Septiembre.* Es decir, se trató de una consideración alegórica. Como haya sido, resultó contraproducente para los fines que perseguía.

Sin duda el elemento que trastocó todos los cálculos zunistas fue la muerte de Medina Lúa: forzó la mano del régimen. También habrá tenido algo que ver el distanciamiento que ya existía entre Díaz Ordaz y el presidente electo.

Finalmente, los Zuno tampoco podían saber que Ramírez Ladewig había optado por retirarse él mismo: lo que hacía del embate absolutamente innecesario.

Lo cierto es que la tentativa de desplazar a los Ramírez utilizando a los Vikingos para ello, terminaría propiciando el derramamiento de mucha sangre por las calles de Guadalajara, y tendría una serie de consecuencias trágicas para el país entero.

La espiral de violencia provocará, por una parte, la profundización en el proceso de radicalización de los grupos estudiantiles opositores a la FEG. En respuesta al apoyo gubernamental al fegismo, el FER se radicaliza aún más. Cerrada la lucha estudiantil y la vía política, quedan las armas. La guerrilla urbana. En 1973 el núcleo del FER mutaría en tres organizaciones guerrilleras: las Fuerzas Revolucionarias Armadas del Pueblo (FRAP), la Unión del Pueblo y la Liga Comunista 23 de Septiembre. Eventualmente, este último grupo guerrillero asesinaría al líder empresarial Eugenio Garza Sada en un intento por secuestrarlo, evento que redundaría en el enrarecimiento de las relaciones entre la cúpula empresarial y el presidente Echeverría, hasta el punto de la sospecha de que detrás de los guerrilleros, estaba la mano oculta de éste. La Liga llevará su guerra contra el Estado al conato de secuestro de la hermana del presidente electo José López Portillo en 1976. Es el acabose. El gobierno empleará todos sus recursos para acabar definitivamente con la guerrilla, valiéndose de la Dirección Federal de Seguridad (DFS) al mando del teniente coronel Mario Nazar Haro.

Por lo demás, tampoco dentro de la FEG será posible contener la violencia, que ahora se empleará a un grado sin precedentes en las lucha intestinas. Para hacer frente al reto del FER, el nuevo presidente fegista, Guillermo Gómez Reyes, recurre al reclutamiento de pandillas enfrentadas a los Vikingos, como fue el caso de *los Cuquis* y su líder, el tristemente celebre "Pelacuas", Carlos Morales García. Posterior a la derrota del FER, estos pistoleros, que llevaron el añejo *porrismo* a niveles criminales, reclamaron mayores cuotas de poder en la FEG, con muy elevados costos de sangre.

El narcotráfico, que para entonces se había asentado en Guadalajara, enrolaría en sus nóminas a profesionales de la violencia de uno y otro bando, ex fegistas y ex guerrilleros. La empoderada DFS coordinaría los primeros pasos de los capos, hasta ser absorbida dentro del cada vez más rentable negocio del *narco*.

Irónicamente, al final, los Zuno lograron justo lo contrario de lo que se habían propuesto cuando quizá sin advertirlo liberaron los demonios. Carlos Ramírez Ladewig, vencido en la contienda por la gubernatura y retirado de la política, regresaba triunfante. Los Zuno lo habían rehabilitado políticamente y obligado al régimen a estar en deuda otra vez con él. Carlos Ramírez retomaría su proyecto político con un nuevo impulso: el sistema había reconocido su necesaria presencia. Intentará ser presidente municipal de Guadalajara para el periodo 76-79 para desde ahí brincar a la tan anhelada candidatura a gobernador.

Epílogo trágico: la violencia se come a sus padres. Don José Guadalupe Zuno Hernández, octogenario, es secuestrado el 28 de agosto de 1974, precisamente por la guerrilla que, voluntaria o involuntariamente prohijó; un año después, Carlos Ramírez Ladewig recibe doce impactos de bala.

CAPÍTULO 9. EL ASESINATO

La Naturaleza ha hecho a los hombres tan iguales en las facultades del cuerpo y del espíritu que, (...) por lo que respecta a la fuerza corporal, el más débil tiene bastante fuerza para matar al más fuerte (...).
De esta igualdad (...) se deriva la igualdad de esperanza respecto a la consecución de nuestros fines. Esta es la causa de que si dos hombres desean la misma cosa, y en modo alguno pueden disfrutarla ambos, se vuelven enemigos (...).
Con todo ello es manifiesto que durante el tiempo en que los hombres viven sin un poder común que los atemorice a todos, se hallan en la condición o estado que se denomina guerra; una guerra tal que es la de todos contra todos.
(...) En esta guerra de todos contra todos, se da una consecuencia: que nada puede ser injusto. Las nociones de derecho e ilegalidad, justicia e injusticia están fuera de lugar.

Thomas Hobbes, El Leviatán. O la materia, forma y poder de una república eclesiástica y civil. *De la condición natural del género humano, en lo que concierne a su felicidad y su miseria.*

Carlos Ramirez Ladewig fue acribillado por un comando armado mientras conducía su vehículo en el cruce de las calles Alemania y Niños Héroes de la ciudad de Guadalajara, el 12 de septiembre de 1975. Tenía 46 años de edad.

La Dirección Federal de Seguridad (DFS) desplegará una intensa investigación, a cargo de su titular Miguel Nazar Haro, después de la cual se aprehenderán a los asesinos confesos. Pocos años después son liberados, en el contexto de la ley de amnistía que el presidente López Portillo promulga en 1978. Uno de ellos, Ramón Campaña López, denunciaría posteriormente haber sido torturado y obligado a declarar falsamente, incriminándose a sí mismo y a las Fuerzas Revolucionarias Armadas del Pueblo (FRAP).

Esa es la versión oficial: a Ramírez Ladewig lo mató un comando de las FRAP.

Versión que será puesta en duda por su hermano, Álvaro, no obstante los detenidos y las averiguaciones ministeriales: "estos se han de haber echado la culpa para que los sacaran, a los dos años ya estaban afuera", declararía en entrevista al periódico Mural en octubre del 2001, a propósito de la entonces reciente publicación de "La Charola, una historia de los servicios de inteligencia en México", del investigador Sergio Aguayo Quezada. Dicho libro transcribe parte del informe secreto de Nazar Haro sobre el asesinato, consignado en los archivos clasificados de la DFS: tal relatoría detallaba la investigación que presuntamente llevó a la imputación de la guerrilla. Sin embargo, de las transcripciones publicadas por Aguayo no se desprende la línea de causalidad que lleve a tal conclusión: por el contrario, pareciera alimentar la hipótesis —que al parecer comparte el académico— de que detrás del homicidio estuvo la mano de alguna de las bandas delictivas que por entonces se disputaban la FEG.

Álvaro Ramírez Ladewig sostendrá vehementemente otra conjetura: desde el principio acusa al General Federico Amaya Rodríguez, comandante de la zona militar asentada en Jalisco, de ser el autor intelectual del crimen que materialmente habrían ejecutado gatilleros bajo el mando del fegista Carlos Morales "El Pelacuas", quien entonces purgaba condena en prisión.

Eventualmente, con los años, y ante la pretendida falta de voluntad presidencial para esclarecer el homicidio, Álvaro y su sobrino Carlos Ramírez Powell, hijo de Carlos, irán aún más allá: Echeverría dio la orden de matar a Carlos Ramírez Ladewig.

Esta versión —con sus diferentes gradaciones de responsabilidad material y/o política— será la que trascenderá al imaginario fegista: el asesino es el *sistema*.

¿Quién mandó asesinar a Carlos Ramírez?
¿Quién se benefició de su muerte?
Ambas preguntas diferentes pero acaso relacionadas.

Los diversos actores involucrados han sostenido diferentes teorías, cada una de acuerdo a su propia agenda política. Revisemos cada una de ellas.

¿Qué ganaba Echeverría con el asesinato de su nuevo aliado?

La tesis del "presidente asesino" de Álvaro Ramírez parte de la siguiente premisa: Carlos tenía fuerza y capital político propios, suficientes para ser gobernador, con o sin el aval presidencial.

Aún bajo el supuesto de que en efecto Carlos Ramírez *quisiera* pelear el gobierno estatal por la fuerza, *a la mala*, ¿es esta razón suficiente para mandarlo matar?

Veamos: Carlos Ramírez buscaba aquel 1975, según había comentado a su círculo cercano, ser postulado el año siguiente candidato a alcalde de Guadalajara, es decir, ni siquiera para la gubernatura, y aún cuando así fuera, ello por sí solo no amerita un crimen de estado: además tendría que asumirse que Ramírez Ladewig estaba dispuesto a confrontar al régimen y que contaba con la fuerza suficiente para hacerlo con éxito.

Al parecer, esta posibilidad se habría discutido en las reuniones internas del Grupo. *Si no nos dan la candidatura, tenemos la capacidad de hacer ingobernable el estado*, argumentaría Carlos Ramírez. La FEG contaba con grupos de choque, tenía convocatoria masiva entre los estudiantes. *Podemos tomar puntos neurálgicos. El aeropuerto, la central camionera.* De haberse dado estas valoraciones, es muy probable que los servicios de inteligencia del estado las hayan registrado. Si Carlos Ramírez las consideró más allá de un mero ejercicio especulativo, no hay modo de saberlo.

La Dirección Federal de Seguridad sí que documentó lo siguiente: en los primeros meses de 1975 Carlos pondera la conveniencia de abandonar el PRI para sumarse a un movimiento nacional de izquierda encabezado por el hijo de ex presidente Lázaro Cárdenas, Cuauhtémoc Cárdenas Solórzano, molesto con Echeverría por no habérsele entregado la candidatura del PRI al gobierno de Michoacán; se llegó a hablar de respaldar con activos fegistas una eventual rebelión armada de corte guerrillero.

El propio Álvaro Ramírez reconocería muchos años después que sí hubo tal invitación, pero que al final Cuauhtémoc se echó para atrás; la rebelión cardenista fue desactivada con una senaduría para Cárdenas y Ramírez Ladewig tiene que rehacer su estrategia: el 15 de abril de ese año, a pesar de que semanas atrás el Grupo conspiraba para levantarse en armas, la Universidad de Guadalajara otorga el grado de doctor *honoris causa* al presidente Luis Echeverría.

Es de suponerse que con ello Ramírez hacía patente el refrendo de su pertenencia al sistema, y así podríamos descartar su eventual rebelión como un motivo por el que desde el Estado se le mandara matar.

Aunque claro, ese Estado había tomado nota de sus tendencias subversivas, y muy probablemente, doctorado o no, Echeverría, siendo quien era y dados los antecedentes entre ambos personajes y su parentela, no le daría más poder a quien ya lo tenía entregándole además la alcaldía tapatía (o la gubernatura, dado el caso), y del que cabía esperar —había elementos para ello— su enojo y abierta rebeldía ante la negativa presidencial.

Entre la clase política jalisciense se especulaba además que el presidente, con esa propensión tan suya a la trascendencia post—sexenal, no veía con malos ojos que su esposa María Esther Zuno, la *compañera* Esther, fuera candidata del PRI y la primera gobernadora de Jalisco. Razones de Estado suficientes para prevenir cualquier potencial amenaza a tan alto propósito.

La otra teoría: su muerte obedeció a la lucha del poder al interior de la FEG.

Cuando durante el retiro de Carlos Ramírez el entonces dirigente Guillermo Gómez Reyes enrola a Carlos Morales García —"el Pelacuas"— a las filas de la FEG, no calculó que para combatir las intenciones de los Vikingos y la FER de apoderarse de la representación estudiantil en la Universidad, estaba dando cabida a otra pandilla, esta sí abiertamente delictiva, que pronto ambicionaría lo mismo y que pelearía por ello con idéntica violencia, pero sin contenido ético o ideológico alguno.

Así ocurrió: Carlos Morales exige para sí la candidatura de la FEG. A su retorno a la jefatura del Grupo, dado el alto nivel de conflicto que se vivía al interior de las filas fegistas, Ramírez Ladewig adelanta la definición de la candidatura un año antes de lo que regularmente ocurría; es decir, a la mitad de la gestión de Gómez Reyes ya había sido nombrado quien habría de sucederlo, José Manuel Correa, precisamente para evitar cualquier fisura que comprometiera el control sobre la FEG.

Ello provocó la rebelión de Morales. Amenazó de muerte a Correa, sin esconder su enojo con Carlos Ramírez.

En consecuencia Correa, al acceder a la dirigencia fegista, se hace acompañar de su propio jefe de pistoleros. Guillermo "el Gordo" Mora Guerrero.

Dos bandas de gatilleros se disputarán a punta de pistola el manejo de las escuelas ese par de años: la del "Gordo" Mora y la del "Pelacuas" Morales.

El General Amaya adopta la tutela y protección de Morales, viendo la oportunidad de mermar a Ramírez Ladewig.

El "Gordo" Mora es asesinado en el restaurante "El Cid" el 14 de febrero de 1973 por el "Pelacuas" y Pedro Ornelas Rochín "El Perico". Se conocerá como "la matanza de San Valentín".

A la banda del "Pelacuas" se le atribuiría además el asesinato de Héctor Terán, quien era ya el siguiente candidato oficial a presidente de la FEG, el 5 de mayo de 1974. Lo balean al bajar del camión para entrar a su casa. En su lugar se nombra a Félix Flores Gómez, oriundo del barrio Analco, semillero de los Vikingos.

A Morales le imputará Álvaro Ramírez ser el ejecutor, por órdenes del General Amaya —quien a su vez las habría recibido del presidente Echeverría— del asesinato de su hermano Carlos. Y es aquí donde se entrelazan la hipótesis que imputa al gobierno federal como aquella que señala a la FEG, formando una sola.

Pero esta no es la única posible conjura que apunta al interior de la FEG.

Interrogado en su celda por la DFS durante las indagatorias por el homicidio de Ramírez Ladewig, sospechoso casi natural de la autoría intelectual de ese crimen —pese a purgar sentencia por cinco homicidios— Carlos Morales ofrece una versión diferente, que se consigna en La Charola: "manifestó su seguridad de que dicho crimen fue proyectado por los ex presidentes, o alguno de ellos, de la FEG, ya que Carlos Ramírez Ladewig los manejaba como títeres, proyectándolos hacia los puestos donde a él le convenía y desalojándolos de dicho poder cuando éstos intentaban desconocerlo en cualquier momento", e incluso, según la ficha elaborada por sus interrogadores y clasificada como secreta, "pronosticó algún movimiento dentro de la Universidad a la muerte de Ramírez Ladewig, ya que sostenía que el rector, Lic. Rafael García de Quevedo [quien sustituyó al Ing. Hugo Vázquez tras su deceso], era intocable por el apoyo que le brindaba Carlos Ramírez Ladewig, pero que a la muerte de éste podría suceder un nuevo cambio ejecutivo en la Universidad", como efectivamente ocurrió. Según esta versión que obra en el expediente de la investigación, *quienes mataron a Ramírez Ladewig fueron los propios fegistas, agraviados por el trato despótico y humillante que recibían de aquel, y porque sistemáticamente les negaba la posibilidad de acceder a la rectoría.*

Claro que se trata del dicho de un criminal, un homicida confeso y además enemigo jurado de la FEG y los Ramírez. Es cierto que entre los integrantes del Grupo se tenía la percepción de que Carlos había perdido la dimensión de las cosas (acaso el uso de pastillas psicotrópicas que le fueron encontradas en el vehículo en que fue emboscado fueran causa, o síntoma, de ello); eran, sí, reiterados los amagues que externaba a sus allegados, para el caso de, otra vez, no lograr su propósito de ser candidato: *tomaremos el aeropuerto, colapsaremos al Estado*; pero, ¿de allí a planear y ejecutar el fratricidio: el parricidio? Por mucha preocupación que hubiera entre algunos de ellos respeto a sus perspectivas políticas, en un escenario de enfrentamiento con el régimen priísta del que habían formado parte y del que se habían beneficiado durante todas sus carreras, no se adivina un suficiente motivo para tal extremo, así fuera el resentimiento personal.

La hipótesis más creíble es que en efecto se trató de un acto ordenado por la guerrilla urbana. De hecho, ese es el testimonio que plasma Francisco Martínez Mejía en su libro "Jóvenes de los setentas, crónica de un militante de las Fuerzas Revolucionarias Armadas del Pueblo (FRAP)", donde a partir de su propia experiencia, hace el recuento de los pasos que llevaron a un estudiante a convertirse en guerrillero, y que como la suya, fue la experiencia de una parte de su generación, que vivió las pandillas; la cerrazón del sistema y de la FEG a darles espacios de desarrollo; el 68; el adoctrinamiento comunista y el ejemplo de Vietnam y Cuba; del Che Guevara como modelo de vida, y finalmente, la guerrilla urbana.

Según su testimonio, a Ramírez Ladewig —tal y como lo señaló el gobierno— lo mandaron matar las FRAP. El relato deja entrever que el autor fue parte del comando que lo acribilló: ajustició es el término empleado por sus perpetrantes.

De acuerdo con el libro: "se insistía en el ajusticiamiento (...) como estrategia para descabezar las estructuras corporativas, donde se daba una fuerte personalización del poder. Se esperaba romper el control sobre los sectores y generar pugnas entre los pretendientes a heredar los tronos. También estaban en la mira, Heliodoro Hernández, de la CTM y Francisco Silva Romero de la CROC."

La fecha misma —11 de septiembre, si bien la ejecución se realizó un día después debido a un retraso de dos integrantes del comando— fue fijada para conmemorar, por supuesto en un sentido negativo, el golpe de estado de Pinochet en Chile, tres años antes, pues según el dicho del autor y la posición doctrinal de las FRAP "la FEG recibía entrenamiento del FBI y Ramírez Ladewig se reportaba con la CIA".

Las FRAP emitirían un comunicado con todos los detalles tácticos atribuyéndose la autoría del atentado. Ello aunado a la declaratoria gubernamental derivada de las investigaciones de Nassar Haro en el mismo sentido.

Pese a lo cual, la FEG insistirá en la autoría desde el gobierno (quizá para sus propios fines de legitimación post-Tlatelolco).

Con sorpresa, los ejecutores de las FRAP verían a "los fegosos (que era como sus oponentes llamaban a los 'fegistas') acercarse a la izquierda", precisamente el resultado perseguido por la guerrilla, como resultado de la ejecución, cuya responsabilidad la víctima siempre les regateó.

CAPÍTULO 10. EL PRÍNCIPE

> Si se examinan las progresivas actuaciones del duque, se verá que había puesto las bases para su futuro poder; y no considero superfluo hablar de ello, porque yo no sabría dar a un príncipe nuevo mejores consejos que el ejemplo de sus acciones; y si no le dieron buen resultado, no fue culpa suya, sino producto de una extraordinaria y extremada malignidad de la fortuna.
>
> Nicolás Maquiavelo, El Príncipe. *De los principados nuevos que se adquieren con las armas y la fortuna de otros.*

1992

Al acercarse la sucesión para el gobierno del estado, la figura pública del rector Padilla López no podía ser mejor. Era el modernizador de la educación superior jalisciense, quien había acabado con la tenebrosa FEG, terminado los cacicazgos y recuperado la institucionalidad en la Universidad de Guadalajara.

Era tal su prestigio entre la opinión pública, que Raúl Padilla López acariciaría la posibilidad de ser gobernador. Nada menos que el sueño frustrado de Carlos Ramírez Ladewig.

¿Por qué no? Argumentos los tenía.

Era joven: había llegado a la rectoría a un mes de cumplir los treinta y cinco años y la dejaría con cuarenta. Dinámico, con presencia permanente en los medios de comunicación.

También contaba con respaldos al más alto nivel de la política nacional. Por supuesto, su padrino político más importante: Francisco Galindo Ochoa, que desde el Grupo de los Diez impulsaba, junto con Raúl Salinas de Gortari, Manlio Fabio Beltrones y Emilio Gamboa Patrón, entre otros más, la candidatura presidencial de Luis Donaldo Colosio, integrante también como todos ellos de ese conciliábulo.

Con tal padrinazgo, la aspiración de Padilla era algo más que una quimera.

Había surgido desde abajo. Nadie le había regalado nada.

¿Ser mandatario era parte de su proyecto político inicial? ¿Había en Raúl Padilla la intención de serlo desde que inició su carrera política? Es decir, cuando se acercó a Álvaro Ramírez tras la muerte de Carlos, el joven Raúl, con veintiún años de edad, ¿ya se había fijado la ruta que habría de llevarlo a la gubernatura? Lograr la presidencia fegista, la rectoría y después el gobierno de Jalisco. ¿Y más allá? ¿O por el contrario su ascenso obedeció a meros ajustes tácticos, sobre la marcha?

Uno de los principales activos de Padilla López es su pensamiento estratégico. En retrospectiva, la suya es una línea recta, un camino ascendente por la ruta del poder estratégicamente trazado.

Estudiante de filosofía y letras. Era secretario de cultura del comité de la FEG. El Cine-FEG era su proyecto personal. Un club de cine de culto.

Su personalidad atrajo a una cuadrilla de jóvenes que tras el encarcelamiento del "Pelacuas" se quedaron sin guía. Entonces Raúl se trasladaba en un viejo *vocho* y vivía en casa de su tía Bertha, por la calle de Montecasino —hoy Fidel Velázquez—, quien les había acogido a él y sus hermanos tras el deceso reciente de su padre, acaecido en 1972 cuando Raúl tenía dieciocho años.

Cuando estos jóvenes, que por su parte se movían en vehículos del lujo de dudosa procedencia y siempre estaban armados —como correspondía a la época— le ofrecieron su lealtad, varios de ellos se mudaron al domicilio de Raúl. Allí, mientras dormían en el piso de su habitación, Padilla consumía ávidamente literatura, sobre todo aquella relacionada con la política marxista leninista.

Raúl era un líder nato. Esas dotes las reconoció Carlos Ramírez Ladewig y el propio Don Margarito. Álvaro Ramírez en sus memorias refiere que fue Carlos quien le habló de su intención de impulsar al joven Raúl, en homenaje a Raúl Padilla Gutiérrez, a su vez padrino de la primera hora de Carlos cuando le abrió las puertas del FESO: a la muerte de Carlos, Álvaro retoma aquella intención de su hermano. Lazos de familia. Raúl hijo sería el primer presidente de la FEG de la era de Álvaro.

Y ahora, diecisiete años después, allí estaba, tocando a la puerta del cargo político más importante de Jalisco.

1975-1976

Tras el asesinato de Carlos Ramírez Ladewig, el Grupo queda acéfalo.

Entonces lo conforman Genaro Cornejo, Adalberto Gómez, Ignacio Mora, Hermenegildo Romo, Enrique Zambrano, Enrique Alfaro Anguiano, Guillermo Gómez Reyes, José Manuel Correa Ceseña y quien era presidente de la FEG, Félix Flores Gómez.

Ninguno de los líderes del Grupo de mayor peso —Cornejo, Zambrano, Alfaro y Gómez Reyes— tiene ascendencia que sobresalga a los demás.

Acuden con Don Margarito, a quien le piden ocupe la jefatura del clan. Con ochenta y cinco años de edad, el patriarca les recomienda que sea su hijo Álvaro el que reemplace a Carlos.

Álvaro, a pesar de haber sido fundador de la FEG junto con Carlos en los años estudiantiles, había desarrollado su propia profesión como ingeniero, sin mayor participación dentro de la organización.

Renuentes, aceptan.

Álvaro propone a su vez sumar al hijo homónimo de Carlos. Se incorpora al Sanedrín, Carlos Ramírez Powell.

Al periodo de Álvaro Ramírez lo acompañará la sombra del asesinato de su hermano: en todas sus decisiones, subyace el ánimo de preservar su legado y vengar su muerte. Por supuesto, su ascenso al liderazgo del Grupo se debe a ello, así como el eventual rompimiento con el priísmo.

Después del golpe, el Grupo se compacta.

El primer paso es consolidar su dominio sobre la UdeG.

Ya no es suficiente el control del gremio estudiantil. Ni su hegemonía indirecta sobre la rectoría. Debe ejercerse control directo también sobre la rectoría y el resto de los gremios.

Por ello, la primera decisión que toman es presionar para que el rector Rafael García de Quevedo renuncie, por considerarlo ajeno al Grupo, y así lo sustituye el entonces secretario general, Jorge Enrique Zambrano Villa. Enrique Alfaro Anguiano, quien por su parte había sucedido a Zambrano en la presidencia de la FEG, ocupa la secretaría general de la universidad.

Zambrano Villa será así el primer ex presidente de la FEG en alcanzar la rectoría. Ahora el rector es uno de ellos. [Nunca había ocurrido esto: durante los años de Carlos no era posible, ya que Ramírez Ladewig era muy tajante en la división del trabajo que diseñó para la Universidad: cuadros para la administración; cuadros para la política estudiantil: separados. Tal vez debido a la necesidad de cuidar que ningún liderazgo fegista (político por definición) rebasara el suyo propio, lo que podría haber ocurrido si alguno se hubiera hecho de la autoridad formal. Quizá por ello prefirió impulsar rectores sin fuerza propia entre la comunidad estudiantil, sobre los cuales pudiera ejercerse presión a través de la FEG bajo su férreo mando.]

Enseguida, para controlar el órgano de gobierno universitario en su totalidad y ya no solamente la representación estudiantil, el Grupo formaliza la representación de los maestros; ese mismo año —1975— se lleva del papel a la realidad el Federación de Profesores Universitarios, cuya responsabilidad política recae en Genaro Cornejo.

El siguiente paso será dar continuidad al proyecto de Carlos Ramírez de alcanzar el gobierno del Estado.

Así, acuden a entrevistarse con el presidente Echeverría en abril de 1976 y le piden la candidatura del PRI para alguien de la camarilla.

Lo veo inevitable, diría Echeverría, concediendo, según relata Álvaro Ramírez en su Historia de una traición. *Vengan a verme dentro de un mes o mes y medio para que el Caso Jalisco se resuelva como el de Chiapas.*

El *Caso Chiapas* al que aludía se había resuelto contra las reglas no-escritas del sistema, según las cuales, era prerrogativa del candidato presidencial priísta —a la postre, José Luis López Portillo— la designación de aquellos candidatos a gobernadores cuyo eventual ejercicio de gobierno se correspondiera al suyo, como ocurría precisamente con Chiapas y Jalisco. Contraviniendo la tradición priísta, Echeverría había impuesto en Chiapas a Jaime Sabines Gutiérrez, y, de acuerdo con el testimonio de Álvaro Ramírez, se habría comprometido con el Grupo a hacer lo propio en Jalisco, para favorecerlos.

Un par de meses más tarde, en una visita a Guadalajara, el presidente manda señales públicas, conforme a los crípticos códigos priístas, de que el favorecido será el rector Zambrano Villa.

En el primer aniversario de la muerte de Carlos Ramírez, el 11 de septiembre de 1976 en el Panteón de Mezquitán, concluida la guardia de honor en su tumba, instantes después de haberse retirado el rector, estalló una bomba. Murió una persona y sesenta más fueron heridas o mutiladas. Zambrano evitó el estallido por minutos.

Después del atentado —siempre según el recuento de Álvaro Ramírez— el dirigente del PRI nacional, Porfirio Muñoz Ledo, habla con Zambrano Villa y le informa que no será posible concederle la gubernatura, pero a cambio, le ofrece la secretaría general de Gobierno, la secretaría de Educación y cinco diputaciones locales, que Zambrano rechaza.

Echeverría doblará en Jalisco las reglas del sistema, pero no como lo habían supuesto los universitarios. Ellos no sabían que, simultáneamente, los cuñados del presidente, sus adversarios históricos, los Zuno Arce, maniobraban para que fuera designado un personaje afín y comprometido con ellos: el descrédito con el que Luis Echeverría concluía su sexenio hacía imposible la postulación de María Esther Zuno.

En efecto, no será el presidente entrante quien nombre candidato a gobernador en Jalisco, como sí había ocurrido cuando Echeverría decidió que Alberto Orozco lo fuera seis años atrás por encima de las aspiraciones de Carlos Ramírez. López Portillo se había comprometido con el jalisciense Eduardo Aviña Bátiz. Este último incluso ya disponía de propaganda electoral con su nombre. *Aviña Bátiz, candidato a gobernador.* No lo será. Tampoco el Grupo logrará dar el paso. Echeverría forzará, a pesar de López Portillo, en abierta hostilidad a la FEG-UdeG, a Flavio Romero de Velasco, a recomendación e insistencia de sus cuñados.

Para Álvaro Ramírez, Echeverría los engañó desde el principio. *Si Zambrano hubiera muerto durante la explosión en el Panteón de Mezquitán, Echeverría no hubiera tenido que faltar a su palabra.*

Conforme a los códigos del PRI y el calendario electoral —con excepción del ya mencionado *Caso Jalisco* de Luis Echeverría—, sería el eventual presidente electo, en el entendido de que históricamente había sido siempre priísta, quien habría de seleccionar al candidato a gobernador de Jalisco por ese partido en los últimos meses de 1994.

Es cierto que Raúl Padilla no tiene militancia priísta; sin embargo, sí tenía raigambre tricolor. Su padre, Raúl Padilla Gutiérrez, había sido indistintamente entre 1958 y 1964 diputado local y federal, subsecretario general de gobierno e incluso presidente del PRI en Jalisco. Como todo político, había aspirado a la gubernatura —sin éxito—. También es verdad que, desencantado, su padre abandonó la militancia priísta para afiliarse al Partido Popular de Vicente Lombardo. Por otra parte, a diferencia de otros líderes fegistas de la era de Álvaro Ramírez, el joven Raúl se cuidó de nunca aceptar, pese a tratarse de una petición expresa de Álvaro, ser candidato a diputado por el Partido Socialista Unificado de México (PSUM) en 1982, cual sería el caso de otros ex presidentes fegistas de esa época, como Horacio García e incluso el mismo Álvaro Ramírez. En todo caso, su reciente deslinde de la FEG y de Ramírez Ladewig, así como sus propias raíces familiares, le acercaban —o al menos no lo alejaban demasiado— al PRI.

Claro que cabía la posibilidad de que finalmente Luis Donaldo Colosio no fuera el elegido. Raúl Padilla López nunca dejó su destino al azar. No jugó todo a una sola carta. Además fue integrante del llamado Grupo San Ángel, entre cuyos participantes estaban personajes como Elba Esther Gordillo, Bernardo Sepúlveda Amor, Enrique González Pedrero, Amalia García, Carlos Monsiváis, Federico Reyes Heroles, Enrique Krauze, Sergio Aguayo, Adolfo Aguilar Zínser, Demetrio Sodi y Agustín Basave. También era integrante de dicho colectivo el otro político priísta, además de Colosio, con posibilidades reales de ser candidato presidencial: Manuel Camacho Solís.

Ambos, Colosio y Camacho, eran las cartas más fuertes del salinismo de cara a la sucesión presidencial. Los canales de Padilla con el PRI eran, entonces, del más alto nivel.

Pero la ambición política de Raúl Padilla va incluso más lejos.

El PRI no gozaba de la mayor aceptación social en Jalisco. Ya en la elección presidencial de 1988 los resultados no le había sido del todo favorables. La recuperación que se había logrado ese mismo año unos meses después en la elección del ejecutivo estatal y posteriormente en las intermedias del 91, se había diluido como consecuencia de una espiral de sucesos que llevaría al tricolor a su peor momento en la entidad. Por primera vez en su historia, ser candidato del PRI no era ya garantía de ser gobernador.

El gobernador Guillermo Cosío Vidaurri es forzado por el gobierno salinista a renunciar como resultado de los trágicos eventos del 22 de abril de 1992, cuando una serie de explosiones en un colector de la ciudad debido al derramamiento irregular de gasolina en los ductos, provocó más de doscientos muertos y la destrucción de ocho kilómetros de calles, afectando un millar de viviendas de la Colonia Analco y los alrededores.

Guillermo Cosío formaba parte de una generación muy diferente a la del presidente Carlos Salinas, y su formación política —dura, rígida, como correspondía a la época del priísmo hegemónico— era incluso contrapuesta a la del reformista Salinas. Francisco Galindo Ochoa bautizaría a su generación —la suya propia y por supuesto la de Cosío, es decir, anterior a la de Carlos Salinas y para quienes el presidente Miguel de la Madrid fue un enlace entre ambas— como *dinosaurios*. Esta distinción entre *dinosaurios* —políticos de carrera y con formación de partido— y *tecnócratas* -economistas para quienes los políticos de carrera habían dejado al país en quiebra— sería muy utilizada en años posteriores, con una connotación derogatoria en ambas vías, sobre todo en el sexenio de Ernesto Zedillo, cuando quedara evidenciada la ruptura dentro del PRI.

Precisamente a causa de las sucesivas crisis económicas que le fueron heredadas por José López Portillo y que la administración de Miguel de la Madrid tuvo que sortear, mediante la reducción del papel del Estado en la economía y la apertura comercial allende las fronteras, la elección presidencial del 6 de julio de 1988 fue la más competida de la era post revolucionaria.

En Jalisco particularmente, como hemos dicho, los resultados electorales de aquellos comicios fueron adversos para el PRI. Era necesario un candidato priísta fuerte para no poner en riesgo la gubernatura en la elección del 4 de diciembre de ese año, la primera a disputarse bajo la presidencia de Carlos Salinas. Guillermo Cosío, que llevaba décadas trabajando para ese propósito, era el más viable prospecto. Efectivamente, gana con contundencia, al amparo de su extensa red de relaciones personales y profesionales.

La eficiente gestión gubernamental de Carlos Salinas le permite al PRI recuperar terreno: en las elecciones intermedias de 1991 el partido triunfa en la mayoría de los distritos electorales de Jalisco. Salinas tenía el control de los hilos políticos del país. Tal vez por eso, cuando se presentaron los hechos del 22 de abril del 92, el primer mandatario encontró además la ocasión de deshacerse de un gobernador con el nunca tuvo tanta afinidad.

Cosío Vidaurri todavía tendrá la fuerza para proponer a su sustituto: logra que sea Carlos Rivera, a quien supone fiel, y que a diferencia de Cosío, no tiene base social propia. Se equivocará. La única lealtad es para el poder, y éste —y las lealtades— abandonan a Guillermo Cosío cuando presenta su licencia como gobernador.

Por si esto no fuera suficiente para hundir a un de por sí desacreditado priísmo jalisciense, el 24 de mayo de 1993 muere víctima del fuego cruzado entre bandas rivales de narcotraficantes en el aeropuerto de Guadalajara, el cardenal Juan Jesús Posadas Ocampo.

En cierto sentido, la fortuna parecía sonreírle a Raúl Padilla. La debilidad del priísmo local le permite atisbar la factibilidad de su proyecto, impensable bajo otras condiciones, sobre todo tomando en cuenta aquellos años en que la FEG, dirigida por él, convocaba a multitudinarias manifestaciones durante el sexenio de Flavio Romero de Velasco en contra del alza al transporte público entre consignas contra el PRI-Gobierno. ¿Cómo olvidar aquella mañana de 1982, cuando la ciudad amaneció con cientos de bardas que habían sido utilizadas para la campaña electoral del partido oficial, decoradas con millares de ratas pintadas junto al emblema tricolor del PRI y el nombre de sus candidatos en alusión a la universalmente reconocida corrupción priísta? La sospecha siempre recayó en la FEG —¿qué otro ente tenía la capacidad de desplegar a tantas personas como eran necesarias para en una sola noche cubrir clandestinamente la totalidad de bardas con propaganda priísta en la ciudad?— y que además, para ese proceso electoral presentaba, la FEG, sus propios candidatos por el PSUM. Y era entonces precisamente Raúl Padilla López uno de los líderes fegistas más prominentes, pese a que como ya se dijo, había rechazado ser postulado como candidato por el partido comunista.

Seis años más tarde, ese mismo actor peleaba hábilmente y desde las sombras por el premio más codiciado del PRI en Jalisco.

En todo caso, la ruta tricolor no termina de convencerlo; pesan por supuesto las características antipriístas del periodo histórico que le correspondió vivir como miembro connotado de la FEG y del Grupo UdeG; pesan sus propias convicciones políticas y acaso también el desencanto de su padre hacia el PRI en los últimos años de su vida; pero quizá pesa aún más el escenario electoral hostil que ya desde entonces se avizoraba enfrentaría el PRI. En Baja California, por primera vez en su historia el régimen reconoce una victoria en las elecciones para gobernador a la oposición; concede en 1989 el triunfo al PAN. Lo mismo ocurre en Chihuahua en el 92. El PAN iba en ascenso a nivel nacional. Y en el plano local, Jalisco había sido además cuna del panismo y lo tenía muy arraigado.

Raúl Padilla tiene un plan.

Porque no se trata de ser postulado por un partido político, así fuera aquel que ininterrumpidamente desde su fundación había gobernado al país, lo cual le era razonablemente accesible dadas sus relaciones más o menos directas con Luis Donaldo Colosio y Manuel Camacho Solís (y por supuesto Carlos Salinas). ¿Por qué no ser candidato de una coalición partidista? Y no cualquier coalición: una integrada por el partido gobernante y por el principal partido opositor; el candidato del PRI y el PAN. La vía para lograrlo es compleja, más no imposible. Claro, requerirá de audacia: no es algo de lo que carece el rector.

Hace una jugada arriesgada: acude a dar una disertación sobre la reforma académica universitaria al Comité Municipal del PAN en Guadalajara, en la calle Montenegro. Era inédito ver al rector de la universidad pública dictando cátedra con el emblema del partido de oposición más antiguo de México a sus espaldas. Eran tradiciones e historias políticas opuestas entre sí. Además, el rector invita al dirigente nacional del PAN, Carlos Castillo Peraza, a ofrecer una conferencia magistral al Paraninfo Enrique Díaz de León, que justo toma su nombre del promotor del socialismo científico, en las antípodas del pensamiento demócrata—cristiano de Acción Nacional.

¿Candidato por el PAN? El partido al que tradicional —e injustamente— se le ha atribuido ser el partido de la reacción, de la contrarrevolución, sin reconocérsele su ideario maderista y tramposamente vinculado al conservadurismo del siglo XIX o incluso al latifundismo porfirista; en todo caso, se trata, sí, de la formación que nació como resistencia al socialismo cardenista de los treinta, y por ende, al tronco ideológico y político del que precisamente el Grupo nace como tal en la universidad y se fortalece. ¿No es acaso un contrasentido histórico, ideológico y político la pretensión del rector? ¿Un despropósito? ¿Una genialidad?

1977-1979

Perdida (otra vez) la candidatura al gobierno del Estado, el Grupo se repliega, para encarar el sexenio de Flavio Romero de Velasco. Entiende que enfrentará la hostilidad del nuevo mandatario. Y así será, aún cuando Flavio Romero se deslinda muy pronto de aquellos a quienes se debía, los Zuno Arce.

En retrospectiva, 1977 será el punto de quiebre entre el pasado y el futuro del Grupo y de la Universidad. Tanto el rector Zambrano Villa como su secretario general Alfaro Anguiano son refrendados en su cargo para una nueva gestión. Ocurrirán también dos hechos de la mayor trascendencia, derivados de decisiones igualmente trascendentes, ambas tomadas por el nuevo jefe político del Grupo.

El primero de ellos, será la alianza política que Álvaro Ramírez establece con el político nayarita Alejandro Gascón Mercado. En 1975, el mismo año en que muere Carlos Ramírez, se da en Nayarit un hecho político que impactaría en la geografía política de Jalisco. Alejandro Gascón, militante del PPS, ex diputado federal y presidente municipal de Tepic, es candidato a gobernador de su estado bajo las siglas de su partido. Contiende con el compromiso expreso del presidente Echeverría de respetar el resultado electoral, en caso de que fuera adverso al PRI.

Echeverría mismo, pese a ser postulado por siglas diferentes a las de su partido —o precisamente por eso— lo había hecho alcalde, apoyando además con recursos federales el éxito de su gestión como munícipe. Aquellos eran años de presunta "apertura", y un gobierno estatal de un partido de oposición, así fuera uno de los llamados partidos satélites del régimen por su afinidad al mismo, como lo era el PPS, abonaría al supuesto de la apertura democrática que Echeverría quería vender ante la opinión pública nacional y sobre todo a la internacional. Finalmente, la nominación del PRI y la eventual imposición mediante un supuesto fraude electoral recaerá en Rogelio Flores Curiel, quien había sido jefe de la policía del Distrito Federal durante los hechos del 10 de junio de 1971, la matanza de Jueves de Corpus, el llamado *halconazo*, en que jóvenes manifestantes fueron reprimidos violentamente por fuerzas de élite —los Halcones— que además, habrían sido quienes dispararon contra el Ejército aquel 2 de octubre del 68 y provocado la masacre de estudiantes.

El experimento de apertura echeverrista da una paso atrás a la realidad de las razones de Estado. El sistema opera en unísono para hacer efectiva la decisión presidencial. La FEG aporta su cuota. El coordinador de campaña de Gascón, José Dolores Mártir Velázquez, denunciará la operación de un fraude para el cual se destinan, según su dicho, contingentes y soldados del Ejército en el robo de urnas.

Dolores Mártir Velázquez era un militante comunista que había sido asistente de Vicente Lombardo Toledano. Fue también profesor de preparatoria en la Universidad de Guadalajara, invitado en su momento por Carlos Ramírez Ladewig.

Mártir acusaría también la presencia de contingentes de la FEG dirigidos por su entonces presidente, Félix Flores Gómez, en una supuesta "Operación Fakir" que consistía en la intimidación de opositores y en votar repetidamente en distintas casillas.

El propio Mártir, en su blog de remembranzas, subrayó la coincidencia de que un año después, Flores Gómez fue postulado, aún siendo presidente de la FEG, candidato a diputado por el PRI, presuntamente en recompensa por su operación en Nayarit.

Al margen de la veracidad de tales acusaciones, Félix Flores sería el primer presidente de la FEG que en funciones, lograría ser designado candidato a diputado federal, y lo haría a partir de su propio empeño, ya sin el padrinazgo del fallecido Carlos Ramírez Ladewig.

Se habría dado además una negociación impulsada desde el gobierno federal en la que al dirigente nacional del PPS, Jorge Cruickshank García, le será reconocida una senaduría, en coalición del PRI y el PPS por Oaxaca, a cambio de reconocer el triunfo del PRI en Nayarit, además de un edificio para el partido en la Colonia Roma de la Ciudad de México. Ello provoca la salida de Alejandro Gascón y sus simpatizantes del PPS, quienes convocan en 1977 a constituir una nueva formación: el Partido del Pueblo Mexicano (PPM), de corte marxista leninista radical. Por su parte, el profesor Mártir será el vínculo que propicie el encuentro entre Gascón y Álvaro Ramírez, que devendrá en una alianza política de vastas consecuencias para la Universidad de Guadalajara.

Gascón observa en la FEG la oportunidad de darle estructura y militancia a su nuevo partido, y Álvaro veía en Gascón y el Partido del Pueblo Mexicano la herramienta para su venganza contra el régimen priísta. Álvaro acepta la invitación a formar parte de su comité central, y seguirá a Gascón en las asambleas partidarias que se realizaron en casi todo el país.

El segundo hecho trascendente de 1977 —la segunda decisión de Álvaro con graves repercusiones— es la sucesión en la FEG.

Álvaro decide, a pesar de la resistencia de Félix Flores Gómez, que quien lo suceda sea Raúl Padilla López.

Durante la gestión de Raúl como presidente de la FEG, el Grupo crea en 1978 el Sindicato Único de Trabajadores de la UdeG, con lo que finalmente rebasa los linderos de su control sobre el gremio estudiatil para hacer lo propio con los respectivos gremios de profesores y trabajadores universitarios.

Sin embargo, como hemos visto que ocurre con frecuencia, en el momento de mayor hegemonía del Grupo FEG-UdeG, dominados los gremios y absoluto su control sobre el Consejo General Universitario y la rectoría, sobrevendría la crisis interna.

1979 es el año en que el Grupo empieza a quebrarse por dentro.

La convicción de Álvaro de que el PRI-Gobierno había asesinado a su hermano, lo haría más receptivo a los postulados anti-sistema de Gascón, y éstos a su vez retroalimentarían tal certeza, en un circulo vicioso que llevará al rompimiento definitivo de la FEG con el régimen, sorprendiendo, como ya hemos dicho, a los verdaderos perpetradores del atentado ante un resultado completamente imprevisto por ellos pero igualmente satisfactorio. Además, Gascón toma para Álvaro el papel del hermano ausente, del guía ideológico y político en sustitución del que le fue arrebatado, claro, por el sistema. Gascón a su vez ve recuperada algo de la influencia política que perdió cuando dejó de ser un instrumento de Echeverría. Todos ganan.

El tándem Álvaro-Gascón, luego entonces, radicaliza a la FEG, como ni el 68 ni el *halconazo* lo hicieron. Álvaro impone a Horacio García, un estudiante comunista y anti-priísta, como presidente de la FEG tras el periodo de Raúl. Además, ese 1979, siendo presidente López Portillo y en el cuarto aniversario de la muerte de Carlos Ramírez, la Universidad le retira el doctorado *honoris causa* a Luis Echeverría que recién le había entregado.

Dentro del Grupo se discute *cómo vengar* la muerte de Carlos Ramírez. Álvaro fue quien propuso retirarle a Echeverría el doctorado. Raúl, por el contrario, argumenta que hacer eso desacreditaría la memoria de Ramírez Ladewig, pues precisamente él había sido el promotor de entregarle el grado a Echeverría. El debate interno marca un primer punto de quiebre —sutil— en el Grupo, aunque, una vez tomada la decisión, todos la avalan.

En los hechos, aquello era un rompimiento con el PRI, con la acusación implícita a Echeverría de estar detrás del asesinato de Carlos, o al menos de no tener la voluntad de aclararlo, lo que lo convertía en un crimen de Estado. Por supuesto que las consecuencias de tal decisión no escapaban a los priístas del Grupo para quienes seguramente repercutiría negativamente en sus propias carreras partidistas, pese al acuerdo del Sanedrín de respetar el derecho de sus integrantes que ya lo eran a seguir siendo militantes del PRI; pero también, sembraba la duda respecto a la capacidad de liderazgo de Álvaro: ¿era Álvaro el líder apropiado para el fortalecimiento del Grupo, o sus decisiones eran más emocionales que racionales, y por ende, peligrosas?

Este primer quiebre se profundizaría con la radicalización de Álvaro Ramírez y su participación en la creación del Partido del

Pueblo Mexicano de Gascón. En resulta, se crean subgrupos dentro del Sanedrín.

La más elemental división se dio entre los fegistas que habían sido presidentes de la organización por designación de Carlos —y que por cronología eran priístas—, y quienes habrían de ser presidentes de la FEG a partir de la decisión de Álvaro, que en este primer momento eran Raúl y Horacio, con el añadido de su sobrino Carlos Ramírez Powell. La lealtad de los antiguos universitarios hacia Álvaro era por tradición, en respecto a la memoria de aquel de quien sí eran incondicionales; la de los fegistas del momento era irreductible. Ideológicamente se trazaron dos polos dentro del Grupo: los universitarios de la vieja guardia reconocían y valoraban la pertenencia al régimen, mientras que para la nueva generación —digamos los alvaristas— el sistema priísta era el responsable de la muerte del prócer y por ende el enemigo, y su inclinación era más proclive al socialismo y el comunismo. Álvaro mismo abonaría a esta lógica de ruptura generacional con la invención, ese trascendente año de 1979, de un *mini-sanedrín*: Álvaro, Raúl, Horacio y Carlos hijo; la sentencia última e inapelable de este *mini-sanedrín* será de Álvaro, pero deliberarán siempre antes de las reuniones del Sanedrín mayor. Así, se conforma un *grupo compacto* de cuatro votos que pesará cada vez más en las decisiones del Sanedrín.

Había además un tercer subgrupo dentro del Sanedrín. Estaban los priístas, los anti-priístas: y los *universitarios puros*, o si se quiere, los funcionarios universitarios; es decir, el rector Zambrano Villa y el secretario general Alfaro Anguiano, así como el presidente de la Federación de Profesores Universitarios, Genaro Cornejo. (La responsabilidad política del otro gremio, la de los trabajadores administrativos, recayó primero en Raúl Padilla, quien la cedió a Alfaro Anguiano; el gremio constituyente, la FEG, era responsabilidad del Grupo en su conjunto, si bien lo fue siendo cada vez más de Álvaro y el mini-sanedrín, como veremos después). Quedaría, así, asentado un reparto de tareas: los priístas (Correa Ceseña, Félix Flores, Adalberto Gómez) eran responsables de gestionar los recursos presupuestales para la UdeG desde las curules logradas en los congresos local y federal, al mismo tiempo de que se valían del apoyo universitario para impulsar sus carreras partidistas, con su lealtad igualmente equidistante al sistema y al Grupo; los *funcionarios* (rectoría, secretaría general y gremios académico y administrativo) quienes llevaban la interlocución institucional con las autoridades estatales y federales, sobre todo del ámbito educativo, y tomaban las determinaciones administrativas relativas a las labores propias de la Universidad; y, finalmente, y poco a poco desplazando, primero a los priístas, y luego a los propios funcionarios, el mini-sanedrín alvarista, abocado al núcleo del poder: la FEG.

1993-2001

En diciembre del 93 Luis Donaldo Colosio es *destapado*. Es decir, descubierto el velo bajo el cual lo ocultaba el presidente Salinas, quien, conforme a los arcanos priístas decide, por la soberanía de su dedo —por *dedazo*— al que será el candidato presidencial del PRI. Son los días en que el muy particular léxico de la política mexicana hace uso de todos sus vocablos de ocasión.

El otro *suspirante*, Manuel Camacho, rehúsa sumarse a la *cargada*, ese ritual en el que los precandidatos derrotados acuden con su mejor cara a felicitar al triunfador, con lo que dejan constancia de su disciplina y acatamiento a la fatalidad. Rompiendo con todos los precedentes inmediatos, Camacho, por el contrario, deja entrever la posibilidad de postularse por su cuenta bajo otras siglas partidistas.

La guerrilla zapatista declara en Chiapas la guerra al Estado mexicano el primero de enero de 1994. Salinas nombra a Camacho Solís comisionado de la paz para negociar con el EZLN. Los priístas se confunden. *No se hagan bolas*, es el nuevo añadido al glosario de la *grilla* —política— mexicana (recuérdese, los grillos son insectos que emiten un peculiar sonido cuando frotan sus alas para cortejar a la hembra: grillar es ese cotilleo intrigoso de los políticos que construyen su fortuna sobre los descalabros ajenos, preferentemente provocados por el beneficiario). Los priístas, pese a la coloquial aclaración presidencial, siguen hechos bolas (confundidos, pues): si Colosio es *el bueno*, ¿porqué el presidente Salinas *le da juego* a Camacho? La campaña de Colosio *no levanta*: en cambio, Camacho es casi un héroe nacional. Las especulaciones no dejan de correr. Que si a Colosio *lo renuncian*. Que si *lo enferman*. Que si Camacho será el candidato sustituto.

El desenlace no podría haber sido previsto ni por las especulaciones más febriles. Luis Donaldo Colosio es asesinado en un evento de campaña el 23 de marzo de 1994 en Lomas Taurinas, Tijuana. La bala de un asesino solitario (o de un complot al más alto nivel, como será también motivo de reiteradas especulaciones desde entonces) acabaron con su vida.

Esa bala —en realidad recibió dos disparos, uno de ellos fatal— mataron tantas posibilidades: ¿acaso una de ellas era la candidatura del PRI en Jalisco para Raúl Padilla? Probablemente no, dada la cercanía de dos políticos jaliscienses al candidato presidencial priísta, y quienes por dicha circunstancia y por su carrera política previa en la entidad, puede presumirse que habrían podido ser postulados: Oscar Navarro Gárate, quien había sido diputado federal y entonces era secretario particular de Colosio, habiéndolo acompañado en su formación desde que trabajaba en la secretaría de Programación y Presupuesto cuando su titular era Carlos Salinas en el sexenio de Miguel de la Madrid, y Colosio mismo era Director General de Programación y Presupuesto Regional a propuesta de su jefe Salinas; Maria Esther Schearman Leaño era la otra colosista jalisciense destacada.

O quizá sí. Quizá sobre los afectos personales de Colosio pesaría más el eventual respaldo a la aspiración padillista de Francisco Galindo Ochoa. Imposible saber. Galindo Ochoa padecerá en carne propia la muerte de su candidato: en 1995 será implicado en una investigación de la procuradora de Suiza, Carla del Ponte, por un supuesto caso de lavado de dinero, respecto a la dudosa procedencia de millones de dólares en las cuentas abiertas en aquel país por la esposa del hermano del presidente Salinas de Gortari, Raúl, uno de los comensales del Grupo de los Diez, al amparo de aliases y pasaportes falsos; en 1998 Don Pancho será señalado en dicha pesquisa —sin mayores elementos— como parte de una intrincada red de protección a narcotraficantes en sociedad con Raúl Salinas de Gortari. Galindo Ochoa muere a los 95 años, en 2008.

El disparo sí que acabó con cualquier posibilidad, si es que alguna vez la hubo en los cálculos salinistas, de un Camacho sustituto. Dados los antecedentes inmediatos era absolutamente inviable que Camacho asumiera la candidatura del PRI. ¿Quizá si se hubiera disciplinado a las reglas de su partido? ¿Si hubiera acatado sin mayores exabruptos la decisión presidencial en favor de Colosio?

En cambio, Lomas Taurinas abrió la puerta a lo improbable.

Carlos Salinas hablará con el dirigente del PAN, Carlos Castillo Peraza, para palpar la disposición de Acción Nacional de acompañar al PRI a una reforma constitucional que habilitara a su gabinete en el juego sucesorio, dada la prohibición legal de ser postulado sin haberse separado de la administración al menos seis meses antes del día de la elección (que sería en cinco meses). Ello presumiblemente para favorecer a su secretario de Hacienda Pedro Aspe Armella, formado en el Instituto Tecnológico de Massachusetts, y así dar continuidad a las políticas económicas del salinismo. La negativa del PAN obligó a Salinas a escoger entre Fernando Ortiz Arana, presidente del PRI y miembro de la clase política tradicional —de los *dinosaurios*—, y Ernesto Zedillo Ponce de León, egresado de Yale, quien habiendo formado parte del gabinete como secretario de Programación y de Educación sucesivamente, lo había dejado desde el año anterior para asumir la coordinación de la campaña presidencial de Colosio, lo que lo convertía, junto con Camacho, en el único *salinista puro* elegible. La línea económica de Salinas no le dejaba mayores opciones. Zedillo era el candidato sustituto.

En agosto de 1994 fue electo presidente, y sería investido como tal en diciembre del mismo año: las elecciones para gobernador de Jalisco habrían de realizarse en febrero de 1995; es decir, los partidos tenían que postular a sus candidatos entre octubre y noviembre.

Zedillo no era un político de carrera vinculado al PRI. La suya había sido una trayectoria brillante dentro del área económica del *grupo compacto* salinista. No tenía equipo propio en el partido.

Habiendo sido secretario de Educación, designado como tal por Carlos Salinas para sacarlo de las tareas administrativas meramente económicas y posicionarlo como un precandidato viable a la presidencia, en Jalisco, por razones de tareas de gabinete, se había relacionado con quien era el secretario de Educación del gobierno de Carlos Rivera Aceves, Eugenio Ruiz Orozco, en sustitución de José Manuel Correa, que lo había sido en el periodo de Guillermo Cosío antes de su forzada renuncia.

Frente a las nuevas e imprevistas circunstancias, el rector dobla su apuesta. Abre su juego. Enseña sus cartas. En septiembre declara al periódico El Informador: *sí aspiro a la gubernatura. ¿Por cuál partido aspiraría?*, le pregunta el reportero. *En tanto sea rector de una institución que por esencia y por espíritu debe ser plural, no tomaré partido por ningún instituto político.* Negó tener membresía priísta. *Si en un momento dado en algún instituto político hay algún interés, yo tomaría una decisión. Antes de hablar de partidos, a mí me interesa hablar de proyectos. Me gustaría participar con aquel instituto político que presente el mejor proyecto. No tengo membresía de ningún partido político, aunque no creo que eso sea algún impedimento.*

El presidente del PRD en Jalisco, Manuel Rodríguez Lapuente, universitario y amigo personal del Padilla, de inmediato declara que su partido sí apoyaría su candidatura.

Padilla presenta una plataforma política de doce puntos a finales de septiembre, y revela estar negociando con más de dos partidos políticos de entre los cuales podría salir su postulación al gobierno de Jalisco.

Simultáneamente, dirigentes del Partido Auténtico de la Revolución (PARM), anuncian pláticas con partidos como el Partido del Trabajo (PT), el PPS, el Partido del Frente Cardenista de Reconstrucción Nacional (PFCRN) y otros, para integrar una coalición con Raúl Padilla como candidato

Tarcisio Rodríguez, presidente estatal del PAN, será el que, de manera imperceptible para él, acabe con el proyecto de Raúl Padilla. A pregunta expresa de los reporteros sobre una posible postulación del rector por el blanquiazul, sin apenas pensar en las consecuencias de su respuesta, aclara que *el PAN no apoyaría a persona alguna que no haya militado el tiempo suficiente dentro del partido.* Acción Nacional celebra su convención para elegir candidato a gobernador el 15 y 16 de octubre, en la que Alberto Cárdenas Jiménez, alcalde de Ciudad Guzmán, sorpresivamente derrota al senador Gabriel Jiménez Remus.

Por su parte el PRI elige a su candidato el cinco de noviembre. Como desde la elección de Zedillo cabía suponer, será Ruiz Orozco.

Al no ser postulado ni por PRI ni por PAN, Padilla declina el ofrecimiento de abanderar a la coalición de partidos minoritarios, a la que se suman el Partido Verde Ecologista y otras fuerzas políticas locales como el Partido del Pueblo de Jalisco, el Partido Ciudadano Jalisciense y el Frente Revolucionario de Acción Patriótica, todas ellas con débil presencia en el estado.

En consecuencia, el 15 de octubre, Raúl Padilla López anuncia en rueda de prensa su decisión "de postergar" su propósito de contender por la gubernatura. Denunció *presiones hacia la universidad y hacia su persona por parte del poder público* —léase PRI—, a raíz de que diera a conocer sus aspiraciones. No descartó que en un futuro *se dé a la tarea de aglutinar intereses para crear una fuerza política local.* Lamentó que *el PRI no de muestras de cambiar sus viejos esquemas,* y anunció que al término del rectorado *me dedicaré profesionalmente a la actividad política, sin descartar que participe abiertamente en un partido político.*

Así será. En 1997 el Grupo fagocitará al PRD local. Después de un fallido intento por ser postulado como diputado federal plurinominal por el Partido Verde Ecologista, con el respaldo del comité nacional de los verdes pero el rechazo de la dirigencia local, el Grupo se hace de las principales candidaturas locales perredistas, a invitación expresa de Andrés Manuel López Obrador, presidente nacional del PRD. El propio Raúl Padilla será diputado local plurinominal ese año. Desde entonces, el PRD Jalisco es propiedad del Grupo.

La elección de noviembre de 1994 señalará dos caminos en que habrá de bifurcarse la hasta entonces monocromática política local. El primero de ellos, la caída del PRI y el ascenso de una nueva clase política inexperta, a la que al poco tiempo se le señalaría de hacer "novatadas"; el segundo sendero, consecuencia del anterior —propicios los vacíos políticos—, será la consolidación sin cortapisas del poder padillista.

Por primera vez, ser el candidato del PRI no es sinónimo de gobernador en espera. Meses antes de la elección, una encuesta pagada por empresarios cercanos a aquel partido reflejaba que estaba muy por debajo de las preferencias del PAN. Si a eso añadimos la devaluación del peso provocada por *el error de diciembre,* atribuible al expresidente Salinas o al nuevo presidente Zedillo según a quién se pregunte, era inevitable la derrota priísta. Asimismo, dada la convicción de Zedillo de que el gobierno no debía intervenir a favor del PRI —la *sana distancia*—, en Jalisco se recibe la orden superior de no alterar los resultados electorales de ninguna forma. Además Zedillo había hecho una alianza con el

PAN e invitado a Antonio Lozano Gracia —connotado militante albiazul— como procurador general. El gobierno federal permanece
al margen de la elección y el PAN gana contundentemente. Y ello
ni siquiera representará una derrota política al presidente Zedillo:
por el contrario, favorece ante la opinión pública internacional al
nuevo gobierno, y la democracia, en un contexto económico adverso, sería al final una fuente de legitimidad muy bienvenida para
el régimen. El costo fue para la clase política priísta local. En 1995
se trastoca el proyecto político de toda una generación de priístas,
entonces representada por quien era su candidato a gobernador.
Por el contrario, la escasez de cuadros políticos panistas tradicionales permitiría la llegada a posiciones de poder a grupos de extre-
ma derecha como el Yunque.

En 1994, Raúl Padilla todavía doblará a Carlos Rivera Aceves
para lograr la aprobación de una nueva ley orgánica, que otorga autonomía plena a la universidad, desapareciendo la famosa *terna*, o
sea, el último vestigio de autoridad del gobernador sobre los universitarios: a partir de entonces, la elección del rector quedaba entera-
mente en manos del Consejo General Universitario. Y toda vez que
precisamente la disputa política entre la FEG y el rector había sido
por el control de Consejo general a partir de la tutela de sus gremios
(académicos, estudiantes y trabajadores), lograda la hegemonía plena de cada uno de los gremios por los suyos durante su rectoría, la
sucesión de Padilla estaba bajo su dirección absoluta.

El secretario general de la Universidad era entonces Guillermo
Gómez Reyes, ex presidente de la FEG de la vieja guardia pre—alvarista. Es decir, según todos los precedentes a partir de 1975, el
rector siguiente tendría que haber sido dirigente fegista: Gómez
Reyes era además secretario general. Todo apuntaba a una sucesión natural. Un año antes de concluir su periodo, Padilla López
crea la vicerrectoría ejecutiva como contrapeso institucional a la
secretaría general y la encomienda a Víctor Manuel González Romero, un ingeniero químico sin desarrollo político. Llegado el momento, él será el sucesor. Y en la secretaría general, a su hermano
Trinidad, él sí político formado.

E ininterrumpidamente en cada sucesión por venir, será Raúl
el factor de decisión para los posteriores rectores: en la siguiente,
el círculo se cierra. Trino es el rector en 2001.

Se repite el ciclo.

Raúl hereda a Trino. Su secretario general, Carlos Briseño.

Tonatiuh Bravo, por su parte, es rector del Centro Universitario de Ciencias Académicas y Administrativas (CUCEA).

Cuando llega el tiempo de la sucesión siguiente, una disyuntiva se plantea.

La rectoría —digamos por escalafón— ¿le corresponde al secretario general, según el precedente marcado por el Grupo en los primeras dos sucesiones de la era de Álvaro (Zambrano *brincaba* de la secretaría general a la rectoría, Alfaro Anguiano hacía lo propio después); al que el Grupo en su conformación actual había recurrido cuando Trinidad Padilla *brincó* el mismo peldaño? ¿O le corresponde la rectoría al siguiente expresidente de la FEG en fila? Personalizando: ¿Carlos Briseño o Tonatiuh?

CAPÍTULO 11. EL GOBERNADOR

Yo, para punzar los flancos a mi intento, no tengo más espuela que la elevada Ambición, que salta demasiado alto y me arroja al otro lado...

Shakespeare, La Tragedia de Macbeth.

[Las carreras políticas de Jorge Aristóteles Sandoval Díaz y Enrique Alfaro Ramírez han transitado por vías paralelas, como corresponde a políticos que pertenecen a una misma generación. Aristóteles, claro está, es gobernador de Jalisco para el periodo 2012-2018 por el PRI; Alfaro es el líder de un grupo político que en las elecciones municipales de 2015 le arrebató al PRI el gobierno de Guadalajara y de los municipios de Zapopan, Tlaquepaque y Puerto Vallarta, entre otros. Nacieron el mismo año, 1974. Sus semejanzas van más allá —tanto como sus diferencias—: sus respectivas biografías no se explican sin la raíz que comparten con la política universitaria.]

JORGE:

Los primeros pasos de Aristóteles Sandoval en la política los dio en la organización creada por el rector Padilla para suplantar a la FEG: la FEU. De hecho su incursión en las *grillas* estudiantiles la inicia en el grupo de Miguel Ángel Padilla Montes, entonces presidente de la sociedad de alumnos de la Preparatoria 7 y medio hermano del todavía rector, y a quien en los círculos feuístas se conocía como *El Tomate*. Aristóteles era su candidato para sucederlo. Un incidente que involucró a gente "suya" en contra de su rival en turno, ocasionó que las autoridades escolares le retiraran a Jorge la participación. Aristóteles era muy popular. Los estudiantes recibían una boleta en la que podían escribir el nombre de su candidato preferido. Aun sin estar registrado, seguramente habría ganado de haberse tomado en cuenta los votos que pese a todo recibió.

ENRIQUE:

Enrique Alfaro Ramírez era alumno de la preparatoria 5. Su padre —el ex rector Enrique Alfaro Anguiano— se mantuvo ajeno a la disputa entre alvaristas y padillistas: por ende, le prohíbe a su hijo participar en política estudiantil. Pese a ello, su vocación por la política se impondría y hace equipo con sus entonces compañeros de escuela Hugo Luna Vázquez, Clemente Castañeda Hoeflich e Ismael Del Toro Castro. (De nuevo las raíces: Hugo es nieto del ex rector Hugo Vázquez Reyes, cuya rectoría quedó trunca al fallecer en 1966, apenas poco después de un año de ser nombrado; Clemente es homónimo de su padre, Clemente Castañeda Valencia, activista del 68 en la UdeG en abierta oposición a la FEG). En cualquier caso, Alfaro Ramírez se vería obligado a cursar sus estudios superiores —ingeniería— en la universidad jesuíta local, el ITESO, precisamente para mantener la neutralidad de su padre entre los contendientes. [El largo arco de la historia reivindica el rol de la Compañía de Jesús como educadora de las élites locales].

JORGE:

Ya como estudiante de la facultad de Derecho, Aristóteles compite de nuevo por la presidencia del alumnado. Esta vez con el respaldo del presidente de la FEU, Alberto Castellanos, que lo fue entre 1995 y 1998. Contendieron con quienes entonces controlaban el comité en la escuela. Pierde otra vez.

El Frente Juvenil Revolucionario era el semillero de cuadros jóvenes para el PRI. En su seno se habían formado, recientemente, Javier Guízar y Javier Galván, por ejemplo. Por otra parte, la FEG había dado sus propios activos al PRI, en la generación que se formó bajo el tutelaje de Carlos Ramírez, como Correa Ceseña y Félix Flores. Cuando se constituye la FEU, se forman cuadros que sin embargo más allá de la burocracia universitaria no tienen una perspectiva de crecimiento político. La vía del PRI se había cerrado como resultado primero del enfrentamiento de Álvaro Ramírez con el sistema, y luego por la tensa relación entre Raúl Padilla tanto con Guillermo Cosío como con Carlos Rivera. Los universitarios no eran bien vistos en el PRI y viceversa.

Después de la derrota del PRI en Jalisco, en 1995, el dirigente del Frente Juvenil de entonces platica con Alberto Castellanos.

El PRI tiene que abrirse a la participación de los universitarios. La FEU debería participar en el PRI. Le comenta que el PRI abrirá la elección para dirigente del Frente Juvenil en Guadalajara. *Deberías registrar un candidato*, le dice a Castellanos.

Alberto reflexiona. Hay en ese momento dos cuadros feuístas cercanos suyos con un perfil partidista. Enrique Velázquez, cuyo padre es un militante de izquierda con trayectoria propia. El otro es Jorge Aristóteles, cuyo padre Leonel, recuerda Alberto, lo había presentado en alguna ocasión con Correa Ceseña, de quien había sido allegado en la administración pública.

Aristóteles será el candidato del presidente de la FEU para ganar el Frente Juvenil del PRI en Guadalajara. Se pone en marcha la máquina feuísta. Se mueven estudiantes en camiones *ex profeso* para llevarlos a votar por Aristóteles en Plaza Guadalajara. Gana contundentemente.

Como dirigente de los jóvenes priístas Jorge cultiva aún más su cercanía con Correa, quien primero como presidente del PRI en Jalisco y después como coordinador de los diputados locales priístas, lo apoya para lograr ser regidor de oposición en Guadalajara en 2001; después será diputado local.

En 2006, con apenas veintiocho años Aristóteles aspira a ser candidato a presidente municipal de Guadalajara. Goza del respaldo de Javier Galván, entonces presidente del PRI Jalisco. Se enfrenta a Leobardo Alcalá Padilla, director de los Hospitales Civiles de Guadalajara.

Las reglas del PRI son claras. El jefe político del priísmo en Jalisco era entonces el candidato a gobernador, es decir, Arturo Zamora.

Zamora acuerda con Leobardo y Aristóteles mandar hacer encuestas de opinión pública para medir el posicionamiento de ambos, y el que estuviera en mejor circunstancia, sería el candidato.

La cita para dar a conocer los resultados del sondeo es en casa de Raúl Padilla, a convocatoria de Arturo Zamora.

Están presentes, además de los precandidatos y el propio Zamora, Javier Galván, el rector Trino Padilla, el secretario general de la universidad Carlos Briseño y Alfredo Peña, líder *de facto* de la FEU. Aristóteles llega acompañado de su padre, Leonel.

Zamora expone sus argumentos. *Es nuestra oportunidad ante el desgaste del* PAN. *La zona metropolitana es estratégica para ganar. Hicimos un acuerdo. El mejor posicionado en las encuestas será el candidato a Guadalajara.*

Presenta los resultados. Javier Galván los avala. Zamora le pide a Aristóteles que decline en favor de Leobardo. Leonel pide que a cambio, Carlos Corona, presidente feuísta en turno y aspirante como él a la diputación local, decline a su favor. Concedido. Además, Zamora se compromete a que Jorge Aristóteles sea candidato a diputado federal plurinominal, y que a su corriente se le entregue una regiduría en la lista de Leobardo. Conocedor de las pautas del juego priísta, a Aristóteles no le queda sino reconocerse derrotado.

Cuando tanto él como Leonel y Galván se retiran de la reunión, inicia la celebración. El líder universitario ofrece a Zamora y su equipo más cercano lo mejor de su cava, conforme al mérito de la ocasión: por primera vez el Grupo Universidad tendrá candidato propio a la presidencia municipal de Guadalajara por el PRI (si bien Tonatiuh ya lo había sido por el PRD, sin éxito). Algo que ni Carlos ni Álvaro Ramírez habían logrado. El candidato del *sistema*. Aunque para ello ese sistema haya tenido que perder el gobierno estatal y la presidencia de la República, y en su afán por recuperar ambas —sobre todo esta última— esté dispuesto a ceder tan codiciados espacios a aliados que no le son incondicionales, como antes correspondía.

Los leones y su *aliado* candidato a gobernador alzan sus copas.

Para Aristóteles Sandoval son en cambio las horas más sombrías de su carrera.

Ni siquiera la postulación de Leonel rendiría provecho alguno. La derrota del PRI será total en aquellos comicios. El único espacio que quedaba era la regiduría en la planilla de Leobardo. Jorge decidió que sería para Claudia Delgadillo.

Desde la regiduría de Claudia, reconstituye su equipo. Abre espacios de gestión y laborales que Claudia pone a disposición del proyecto. Buscarían de nuevo la alcaldía.

Claudia fue también un puente de entendimiento con el nuevo rector Carlos Briseño, quien asume el padrinazgo político de Aristóteles.

Jorge se mantendrá al margen de la ruptura Briseño—Padilla. Logrará sumar el apoyo de Javier Guízar, entronizado presidente tricolor. Pero antes, tendría que superar otro obstáculo. Eugenio Ruiz Orozco. Priísta de la generación de Correa y el primer candidato del partido en perder la elección de gobernador (y también el lejano dirigente juvenil del PRI que en los sesenta le cerró las puertas del partido a los Vikingos). Guízar le allanaría a Aristóteles el obstáculo que le supuso Eugenio. Junto con otro personaje. Carlos Corona Martín del Campo.

El 26 de abril de 2008, en un evento de recaudación de fondos para la Asociación Mexicana de Bancos de Alimentos, A.C., ligada a la iglesia católica local, y en el contexto de cuestionamientos y críticas a un donativo previo de treinta millones de pesos del erario público para la construcción de un recinto católico (en el evento en comento se entregaría además un cheque por quince millones de pesos por parte del estado), el gobernador Emilio González, en presencia del cardenal Juan Sandoval Iñiguez, expresó lo siguiente: "Yo tengo poco de gobernador, pero a lo mejor ya se dieron cuenta que a mí, lo que algunos poquitos dicen ¡me vale madre!, ¡así de fácil!" y añadiría "¡Digan lo que quieran...perdón señor cardenal...chinguen a su madre!". El prelado eventualmente rechazaría la donación para el proyectado santuario.

La *mentada* fue el detonante del desgaste de Acción Nacional en las simpatías ciudadanas.

Se palpaba el divorcio de la sociedad con los panistas.

Eugenio Ruiz Orozco lo sabía. Era su oportunidad de redimirse ante la derrota del 95. A pesar de evidentemente no cubrir el perfil de renovación generacional impulsado por Guízar, cuenta con una ventaja. Beatriz Paredes es la presidenta nacional. Ella es su amiga. Pertenecen a una misma generación.

En efecto, Beatriz Paredes lanza la consigna entre sus allegados. A uno de ellos, después de una reunión en el Estado de México con el gobernador Peña Nieto, le pide: *Busca a Eugenio. Él va a ser el candidato para Guadalajara.* Su interlocutor no acata la instrucción. Es más cercano a la nueva generación. Busca mejor a Guízar y le trasmite la noticia.

Beatriz anda obstinada, afirma Guízar. *Pero con Eugenio vamos a perder. No tiene posibilidad de triunfo. Jorge está mejor posicionado. ¿Cómo hacerle saber a Beatriz que está en un error?*

Con el tiempo en contra, Guízar manda hacer encuestas que confirman su apreciación. El PRI puede ganar con un candidato como Jorge Aristóteles, joven, fresco, pero no es tan segura la victoria si postulan a un actor claramente identificado con la vieja clase política, a la que de hecho rechazó la ciudadanía cuando votaron por la alternancia casi quince años atrás.

Filtra los sondeos en algunos medios de comunicación. Y ya publicados, se los lleva a Beatriz a su casa en la ciudad de México. *Con Aristóteles ganamos*, la convence. Beatriz acepta. Sandoval Díaz es candidato.

ENRIQUE:

Enrique Alfaro Ramírez es postulado ese mismo 2009 por una coalición partidista entre el PRD y el PT (Partido del Trabajo) por la alcaldía de Tlajomulco de Zúñiga. Jamás partido alguno diferente al PRI o al PAN había ganado una elección municipal en la zona metropolitana de Guadalajara.

JORGE:

Jorge designa como coordinador de su campaña a Mauricio Gudiño. Mauricio era un excelente puente con los *javieres*, ya que había sido coordinador de la truncada precampaña de Guízar por la postulación priísta para gobernador tres años atrás. A Gudiño, Jorge le reconocía talento y tenía además una muy clara y trabajada estrategia territorial para el triunfo en Guadalajara.

Había sin embargo otra cuestión. Gudiño fue el jefe de asesores externo que Carlos Briseño integró a su equipo en rectoría en el proyecto por la gobernatura en 2012. En una cena en el distrito federal en casa de Luis Carlos Ugalde, presidente del Instituto Federal Electoral, Briseño coincide con Manlio Fabio Beltrones, colosista de la primera hora y entonces líder de la bancada del

PRI en el senado. Para ayudarlo en su búsqueda por la postulación priísta, Beltrones le recomienda a un jalisciense, que había sido además colaborador de Colosio desde su paso por la secretaría de desarrollo social del gobierno de Carlos Salinas: Mauricio Gudiño. Frustrada la rebelión briseñista, el nombramiento suyo como el responsable de la campaña de Aristóteles Sandoval no fue bien visto en la cúpula universitaria.

Jorge lo sabe, y busca a Alberto Castellanos, *El Cone*, su compadre, quien ha hecho carrera en la universidad y para entonces es ya rector de uno de los centros universitarios de la red, en la región norte del Estado, Colotlán.

Ayúdame, le pide. *No necesitas mi apoyo, sino el de la institución*, le responde Alberto, haciéndole saber que en los círculos universitarios se comenta que Aristóteles se rodea de briseñistas.

Coordina mi campaña, le ofrece Aristóteles a Alberto. *Mejor pídele al Licenciado que te nombre un coordinador*, es la respuesta y el consejo, refiriéndose a Raúl Padilla. Es un buen consejo.

Jorge se reúne con Padilla. Éste le propone a Ricardo Villanueva.

El padre de Villanueva era un profesor muy respetado en la comunidad universitaria, y Ricardo mismo, habiendo sido presidente de la FEU, era leal a Alfredo Peña y por ende a Raúl Padilla, amén de que su trato afable despertaba confianza entre sus interlocutores.

Había un problema. A pesar de que su hermano mayor, Enrique, tenía muchos años de militancia en el PRI, o tal vez precisamente por eso, al ver cómo el partido cerraba oportunidades a muchos de sus militantes y entre ellos su hermano, Ricardo tenía un sesgo declaradamente anti-priísta.

Apenas unos días antes, Ricardo Villanueva juraba que nunca se integraría al PRI. *Yo jamás seré priísta*, comentaba entre sus allegados.

Claro que no puede negarle algo al licenciado. Ricardo Villanueva será el coordinador de la campaña de Aristóteles.

ENRIQUE:

El desencanto ciudadano con Acción Nacional es tal que el PRI logra recuperar los gobiernos metropolitanos, entre ellos la capital del Estado, Guadalajara, esta última con Jorge Aristóteles. Hay una excepción: Tlajomulco elige a Enrique Alfaro.

JORGE:

Villanueva logra ganarse el afecto de Jorge Aristóteles. Se convierte en jefe de gabinete municipal, una figura creada para él. La expectativa de que el PRI desplace a Acción Nacional del gobierno estatal después de dieciocho años es propicia, por lo que una docena de políticos priístas manifiesta su aspiración de ser postulados por el partido. Entre ellos, el diputado federal Trinidad Padilla. Aristóteles es el priísta mejor posicionado en las sacrosantas encuestas y la prioridad del tricolor es recuperar la presidencia de la República: su candidato, Enrique Peña Nieto, requiere de votos en los estados, por lo que a la vieja usanza, ejerce el *dedazo* para favorecer a Aristóteles Sandoval.

Los leones negros está conformes: de cualquier modo tienen a su cachorro en la cercanía del candidato, y además por supuesto, su generosa cuota en diputaciones, planillas municipales y el propio gabinete. Claro que primero hay que ganar, y, contra lo previsto, no será el PAN el rival a vencer.

ENRIQUE:

En la elección de gobernador de 2012, Enrique Alfaro, sin estructura partidista ni publicidad institucional, bajo las siglas de un partido prácticamente inexistente en Jalisco —Movimiento Ciudadano— logra no obstante ganar las ciudades metropolitanas. El peso del PRI en los municipios del interior del estado le permiten vencer apenas, lo suficiente para que Jorge sea gobernador.

JORGE:

El nuevo mandatario decreta la creación de una supersecretaría —que integra otras tres tantas— para su cada vez más cercano y querido Ricardo. Villanueva y sus aliados al interior del gabinete convencen a Aristóteles de que para derrotar a Alfaro, perfilado en hacer valer el capital político alcanzado y contender por la alcaldía de Guadalajara en 2015, se necesita un perfil justamente como el de Villanueva. Aristóteles gobernador, incuestionado jefe político del priísmo en Jalisco por *usos y costumbres*, hace a Ricardo —el antipriísta de antaño— candidato del PRI a sucederlo, previa aduana tapatía.

Un importantísimo despliegue publicitario y de recursos materiales y todas las artes de la guerra sucia electoral —incluido el payaso *Lagrimita* como candidato independiente para restarle votos a Alfaro— no serán suficientes.

Enrique Alfaro es presidente municipal de Guadalajara. Villanueva asume brevemente la regiduría de oposición que le corresponde en el cabildo tapatío, hasta renunciar. Vuelve al cubil. Le pide a su padrino, Alfredo Peña, el regreso a la Universidad. No hay ya para qué disimular lealtades. Se le concede la rectoría del CUTonalá.

El Grupo se queda otra vez a un paso de que uno de los suyos logre la alcaldía tapatía (la antesala a la gubernatura).

En realidad no importa.

La paciencia es privilegio del poderoso.

CAPÍTULO 12. REBELIÓN Y CAÍDA.

Hagen y Pentangeli afuera, por la cerca eléctrica. No se les puede oír. Pentangeli saca algunos puros y ofrece a Hagen uno. Hagen lo toma y Pentangeli enciende ambos. Fuman con placer. Se sienten cómodos juntos, casi.

HAGEN: Todo va a estar bien, Frankie, no te preocupes.

PENTANGELI: ¿Mi hermano volvió?

HAGEN: Sí, pero no te preocupes.

PENTANGELI: Es diez veces más duro que yo, mi hermano. Es de la vieja escuela.

HAGEN: Sí. Ni siquiera quiso cenar. Sólo quería irse a casa.

PENTANGELI: Ése es mi hermano. Nada podía alejarlo de aquel pueblo de dos mulos. Podría haber sido grande aquí. Podría haber tenido su propia familia.

HAGEN: Tienes razón.

PENTANGELI: Tom, ¿qué hago ahora?

La luz empieza a volverse rojiza al caer el sol.

HAGEN: Frankie, siempre estuviste interesado en la política, en la historia. Recuerdo que hablaste de Hitler en el 43. Entonces éramos jóvenes.

PENTANGELI: Sí, todavía leo mucho. Me traen cosas.

HAGEN: Estabas alrededor de los viejos que imaginaban cómo debían organizarse las Familias, cómo lo basaron en las viejas Legiones Romanas y las llamaron "Regímenes" ... con los "Capos" y los "Soldados", y funcionó.

PENTANGELI: Sí, funcionó. Esos eran los grandes viejos tiempos. Éramos como el Imperio Romano. La familia Corleone era como el Imperio Romano.

HAGEN (tristemente): Sí, lo fue una vez.

Ambos fuman sus puros. Pentangeli se deja llevar por recuerdos de viejos días de gloria; Hagen también piensa en otros días.

HAGEN (muy suavemente): El Imperio Romano ... cuando fracasaba una trama contra el Emperador, a los conspiradores siempre les daba la oportunidad de dejar que sus familias mantuvieran su fortuna.

PENTANGELI: Sí, pero sólo los tipos ricos. Los tipos pequeños eran aplastados. Si los arrestaban y ejecutaban, todos sus bienes eran para el Emperador. Si simplemente se iban a casa y se mataban, por adelantado, no pasaba nada.

HAGEN: Sí, era una buena oportunidad. Un buen trato.

Pentangeli mira a Hagen; él entiende.

PENTANGELI: Se iban a casa y se sentaban en un baño caliente, y abrían sus venas, y sangraban hasta la muerte. A veces hacían una pequeña fiesta antes de hacerlo.

Hagen tira su puro. Pentangeli fuma el suyo.

HAGEN: No te preocupes por nada, Frankie Five—Angels.

PENTANGELI: Gracias, Tom. Gracias.

Se dan la mano. Los Agentes del FBI salen para abrir la puerta a Hagen. Pentangeli es llevado de vuelta a la casa.

AGENTE DEL FBI # 1: ¿Su abogado le dice que puede conseguir que 600 años se reduzcan a 500?

Pentangeli inhala su puro.

PENTANGELI: ¿Seguros muchachos de que no pueden conseguirme una mujer para esta noche? ¿Darme una fiesta?

AGENTE DEL FBI # 2: Tenemos algunos buenos libros.

Pentangeli inhala su puro y sonríe al Agente como un anciano a un niño. Sube las escaleras.

PENTANGELI: Supongo que tomaré un baño caliente.

Afuera Hagen se aleja; mira hacia atrás Entra en el coche que lo espera y se va.

Mario Puzo, Francis Ford Coppola. El Padrino II, *guión cinematográfico.*

Después de la vejación, el resentimiento.

Briseño, el rector de la histórica Universidad de Guadalajara; el hombre fuerte del PRI del momento, al que los priístas en el desamparo acudieron en busca de empleo: había sido humillantemente desdeñado en la definición de la dirigencia local del partido. De fea manera, se le recordó su carácter de subordinado.

Briseño no está dispuesto a más. Ha entendido que Raúl Padilla nunca lo apoyará para ser gobernador. Comprendió —tarde— que la balanza de la universidad y el guardián de esa balanza no lo permitirá.

Si él, Raúl Padilla, no logró serlo, ninguno de los suyos lo será. Acaso Trino, el más cercano a sus afectos —natural, filialmente—

podría, si de una decisión de Raúl se tratara. Ni siquiera Leobardo, su primo hermano, gozará del respaldo pleno de los contingentes del UDEGeísmo: candidato a alcalde, Leobardo llega casi a los golpes en el reclamo a su sucesor como director de los Hospitales Civiles, Jaime Agustín González, por la prohibición expresa al personal del nosocomio y su sindicato de sumarse de lleno a la campaña priísta; Jaime no cederá.

Briseño decide desprenderse de la tutela de Raúl Padilla o morir (fuerte palabra) en el intento.

Por eso lo suyo, será pasar a la historia, si no como gobernador, sí como el que enfrentó a Padilla, en una épica batalla.

Sabe, ¿sabrá?, que su odisea está destinada al fracaso. Él, conocedor de la maquinaria y los engranajes universitarios, entiende que sin los gremios no se controla al Consejo, y sin el Consejo, no se domina la Universidad. ¿No fue eso por lo que inició el distanciamiento? ¿Por la pretensión de Briseño de adueñarse de la FEU? Claro que lo entiende; ¿veía una ruta a la victoria? ¿O habrá perdido la razón?

Se declara la guerra.

El 25 de agosto de 2008, Carlos Briseño rompe públicamente con el ex rector. En rueda de prensa, acusa a Padilla —según consigna entre otros medios locales el diario La Jornada—, "de usar la hegemonía política que ha mantenido en la institución durante veinte años para financiar sus ambiciones político—partidistas, mientras las preparatorias y facultades carecen de instalaciones dignas y en cada ciclo escolar la mayoría de aspirantes son rechazados por falta de cupo".

No podemos distraer recursos del presupuesto universitario en obras que son capricho de Raúl Padilla, sentencia el rector en rebeldía.

En consecuencia, promueve un presupuesto para la Universidad sin recursos adicionales para los proyectos culturales del jefe político.

Desde Casa Jalisco, la residencia del gobernador, Emilio González y Herbert Taylor sonríen.

Y como lo hiciera Álvaro Ramirez, Briseño delata la existencia y el funcionamiento del Sanedrín. Rompe el código del silencio. La *omerta*. "Raúl Padilla formó un grupo de poder que, por encima de la norma y de los espacios institucionales, ha decidido en los últimos veinte años asuntos que le competen a la comunidad universitaria". Se declara emancipado de dicho esquema. "No pertenezco más al grupo de Raúl Padilla ni reconozco liderazgo político en él. Mi único patrón se llama udeg". En los días siguientes decreta la destitución de Padilla de los nombramientos con que cuenta en la Universidad: presidente honorífico del comité técnico del Centro Cultural Universitario (ccu), que incluye al teatro Diana y el Auditorio Metropolitano Telmex; y presidente del consejo de administración del Corporativo de Empresas Universitarias.

En realidad, Carlos Briseño no es el nuevo Raúl Padilla: es el nuevo Álvaro Ramírez Ladewig. No fue Padilla el que hizo público su rompimiento con Álvaro. Simplemente le fue ganando espacios, lo arrinconó, y cuando Álvaro se vio perdido, recurrió a los desplegados en los periódicos, queriendo ganar en la opinión pública lo que había perdido en las facultades y escuelas. No contó con que el juicio popular se inclinaría por el joven rector en quien además recaía la representación institucional, y no por el cacique que indignado reclamaba el poder que le fue arrebatado. Sun Tzu en el Arte de la Guerra nos enseña que uno de los elementos que propician la victoria de los ejércitos es la moral. Entendida ésta no en un sentido ético, sino de entusiasmo, del respectivo fervor de los combatientes. Aquella vez era de Padilla. Ahora lo será, acaso, de Briseño, con tropas muy disminuidas en cantidad pero con el respaldo de buena parte de la opinión pública. La fortuna de Carlos, sin embargo, será la misma que la de Álvaro, porque las respuestas a las preguntas que Sun Tzu propone para conocer las circunstancias militares, es decir, *¿cuál de los dos contrincantes está imbuido del fervor moral?, ¿cuál de los dos generales es el más capacitado?, ¿sobre quién recaen las ventajas derivadas del cielo y la tierra [el territorio]?, ¿en qué bando se aplica más rigurosamente la disciplina?, ¿qué ejército es más fuerte?, ¿en qué bando están mejor entrenados los oficiales y hombres?, ¿en qué ejército se da la mayor regularidad de ambos recompensa y castigo?*, todas ellas, con excepción quizá de la primera ("aquello que hace que el pueblo esté en armonía con su gobernante, de modo que le siga a donde sea, sin temer por sus vidas ni a correr cualquier peligro"), favorecen a Padilla. Y no deja de de ser paradójico, y en ese sentido revelarnos algo sobre la naturaleza del poder, que un hombre como Raúl Padilla, que sin lugar a dudas se ha consolidado como el jalisciense más poderoso en el país, a quien se le reconoce por propios y ajenos sus aportaciones a la difusión de la cultura y las letras, condecorado incluso por gobiernos extranjeros como el de Francia (Caballero de la Orden de la Legión de Honor) y Cataluña (Cruz de San Jordi), sea también, por mucha gente, con razón o sin ella, *malquisto*.

Es, quizá, el sino del hombre de poder, quienquiera que sea. El padre de la ciencia política, el magistral florentino Nicolás Maquiavelo, lo postula en el libro fundador de la politología, El Príncipe: "Surge de esto una cuestión: si vale más ser amado que temido, o temido que amado. Nada mejor que ser ambas cosas a la vez; pero puesto que es difícil reunirlas y que siempre ha de faltar una, declaro que es más seguro ser temido que amado. Porque de la generalidad de los hombres se puede decir esto: que son ingratos, volubles, simuladores, cobardes ante el peligro y ávidos de lucro [duras palabras que nos hacen reflexionar sobre lo poco que ha mutado la naturaleza humana en quinientos años desde que las escribiera Maquiavelo]. Mientras les haces bien, son completamente tuyos: te ofrecen su sangre, sus bienes, su vida y sus hijos; pero cuando la necesidad se presenta se rebelan. Y el príncipe que ha descansado por entero en su palabra va a la ruina al no haber tomado otras providencias; porque las amistades que se adquieren con el dinero y no con la altura y nobleza de alma son amistades merecidas, pero de las cuales no se dispone, y llegada la oportunidad no se las puede utilizar. Y los hombres tienen menos cuidado en ofender a uno que se haga amar que a uno que se haga temer; porque el amor es un vínculo de gratitud que los hombres, perversos por naturaleza, rompen cada vez que pueden beneficiarse; *pero el temor es miedo al castigo que no se pierde nunca.*"

La distinción clave para la comprensión de la política es el concepto de *virtud política* que esclarece Maquiavelo en contraste al de *virtud cristiana*. Los valores —las virtudes— del cristianismo o el pensamiento religioso son unos (la honestidad, honradez, generosidad, entre otras) y los de la política son muy otros (la deshonestidad como razón de Estado, por ejemplo): aquellos —según el autor de El Príncipe— provocan la ruina política del postulante, al menos en tanto los hombres sigan siendo hombres y no ángeles y mientras el mundo sea mundo; es, la transmutación de valores a la que llamaría Federico Nietzche a finales del siglo diecinueve para recuperar el heroísmo exaltado por los griegos pre-platónicos: un cristianismo vuelto de cabeza, donde el anti-héroe es héroe y el villano, vilipendiado y alabado por igual; un hombre superior —la antesala del superhombre— con su propia tabla de Moisés en un cosmos —el de la política al menos— que tiene en la victoria el significado de su valor, en demérito de cualquier otro. La apelación a la justicia (la denuncia de la injusticia) es, parafraseando a Nietzche, el recurso del débil: el pueril consuelo del esclavo. El estado de guerra es el estado natural: Thomas Hobbes tenía razón. Platón mintió: no es Sócrates quien dilucida la verdad en La República; Trasímaco es el filósofo de la política.

La victoria, y la derrota —entonces, conforme al arte de la guerra decodificado en tablillas de bambú por Sun Tzu en el siglo IV a.C. —estarán predestinadas desde un inicio.

Carlos Briseño correrá el mismo destino que Álvaro: la expulsión del paraíso universitario.

La respuesta de Raúl Padilla es más que previsible. El rector será depuesto en la siguiente sesión del Consejo, que se cita unos pocos días después.

Dos días antes de aquella fatídica sesión del 29 de agosto, Briseño llamó al secretario general, Alfredo Peña, a su despacho en rectoría. Peña llegó con un semblante pálido. Era facultad del rector nombrar y destituir al secretario general. Solamente podían convocar al Consejo indistintamente ambos funcionarios, lo que llevó a Peña a suponer que sería destituido, pues así, Briseño cerraría definitivamente la puerta a sus adversarios para que estos no pudieran emplazar a sesión y destituirlo a él.

Briseño, para sorpresa de Peña, no le exigirá su renuncia. Por el contrario. Le propone una alianza. *Juntos podemos gobernar la universidad.* Relegando a Padilla, claro. Alfredo acepta, sin la menor intención de cumplir. Al salir de rectoría su semblante es de triunfo. La batalla terminó.

Si en efecto Emilio González impulsaba a Briseño en su ruptura con Padilla (lo cual es dudoso, en el sentido de que haya habido un compromiso explícito, pues de haberlo seguramente Briseño habría gozado del respaldo institucional del gobierno del estado tras su destitución, lo que de ninguna manera ocurrió), o si simplemente el gobernador panista aprovechó la coyuntura para intentar disminuir el liderazgo de Raúl Padilla y quebrar al Grupo Universidad, es materia de debate.

Gente cercana al maestro Briseño por esos días refieren versiones encontradas. Para César Iñiguez, a quien el entonces rector infructuosamente impulsó como presidente de la FEU, por ejemplo, indudablemente *Emilio lo engañó hasta el final*. El propio Carlos Briseño, cuando esperaba que los tribunales a los que acudió para reclamar su derecho jurídico a ser restitutido como rector, resolvieran a su favor, comentaba a los suyos en las oficinas que habían instalado en una casa rentada, entusiasta, que acababa de hablar con Emilio.

Por el contrario, un colaborador quizá más cercano refiere que si bien Emilio y Briseño cultivaban una relación institucional y hasta amistosa, duda mucho que el gobernador haya hecho algún compromiso explícito de apoyarlo en la eventualidad de un enfrentamiento con Raúl Padilla.

A ese colaborador, el rector depuesto, con más nostalgia y añoranza que despecho o rencor, hacía un recuento de las decisiones tomadas y las lamentaba. Pensaba que debió haber retrasado la confrontación hasta el quinto año de su rectoría. Que se precipitó.

Que quizá debió haber atendido el parecer de este mismo colaborador, que le decía que si quería ser gobernador, era mejor contar con el apoyo de Raúl Padilla.

En todo caso, es dudoso que Raúl Padilla alguna vez hubiera apoyado a Carlos Briseño para ello, pese a las reiteradas y muy emotivas promesas y garantías que Briseño le daba a Padilla de que desde la gubernatura no le disputaría jamás la hegemonía política de la Universidad.

Es casi medianoche de aquel martes 28 de septiembre. 2010. El sanedrín post-Briseño está reunido en casa de Raúl Padilla. El objeto de la reunión, ajustar los últimos detalles para la marcha que habrá de convocar alrededor de ochenta mil manifestantes en consignas contra el gobernador González Márquez, reclamando mayor presupuesto para la UdeG.

Algunos ya se han ido.

Inesperada, intempestivamente, golpes en la puerta. El de la *mentada* no será el único desfiguro de Emilio González propiciado por el exceso en su consumo del alcohol. *Saca las llaves y ábreme la puerta, cabrón*, ordena el mandatario jalisciense, ebrio a uno de los choferes que aguardaban la salida de los jerarcas udeGeístas — según consignó un par de días después el reportero Juan Carlos G. Partida en el diario La Jornada.

Raúl Padilla lo deja entrar.

Raúl, ¿ya estas pedo?, habría preguntado Emilio. *Yo no. ¡Pedo, tú!*, responde aquel. *N'ombre, yo así opero,* asegura el panista.

A la distancia corren los mitos, como entonces transcurrieron un par de horas.

Que si Emilio se sentó en las piernas de Raúl. Que si le susurro algo. Quizá una amenaza. Padilla sosteniendo la mirada —y el reto. Luego risas, más tequila. Hasta que el secretario de gobierno panista, Fernando Guzmán, llega, pálido, a rescatar a su jefe.

No puede regatearse la audacia de Emilio.

No cualquiera logra convertirse en gobernador, después de todo. Se dirá lo que se quiera, pero el oriundo de Lagos de Moreno, tierra cristera, el militante del extinto partido del gallito, el yunquista que se habría infiltrado en el PAN, el que traicionó amigos y aliados para conseguir lo que otros hombres no lograron, predestinados que eran a heredar el poder, como Carlos Ramírez Ladewig de su padre.

Emilio González Márquez es, en un sentido, de la estirpe de Raúl Padilla, aún cuando ideológicamente se ubiquen en las antípodas. Un peleador callejero que nunca rehuyó una batalla, un hombre que se hizo a sí mismo, que recorrió los peldaños del poder uno a uno, desde abajo, desde la desposesión hasta llegar a tenerlo todo, o casi todo... Emilio González todavía se atreverá a intentar ser postulado a presidente de México por el PAN: el peso del descrédito de su gobierno no le permitirá ir más allá del amague.

La rebelión briseñista lograría exactamente lo contrario de su propósito: consolidar el control político y liderazgo de Raúl Padilla.

La siguiente sucesión, en 2012, se resolvió en una disyuntiva: el derecho de Tonatiuh —el último expresidente fegista del *neo-*

sanedrín que no había alcanzado la rectoría—, o el surgimiento de una nueva generación de líderes, sujetas al patronazgo de Padilla y con un perfil más técnico que político.

Con el antecedente inmediato de la pugna con Briseño, para evitar tentaciones, se reducen las facultades del rector.

El recinto de rectoría, además, con todo el peso de su simbolismo y el marco de los murales de José Clemente Orozco, se convierte en museo, mudada la oficina del rector al piso 11 del edificio administrativo, frente al Paraninfo, exhibida como el espacio burocrático-administrativo al que quedaba reducida la rectoría post-briseñista.

Acotado, Tonatiuh finalmente vería lograda en 2013 su aspiración de ser rector —tantas veces retrasada por la suspicacia.

¿Verdaderamente Carlos Briseño tenía la intención de "traicionar" a Raúl Padilla? ¿Desde cuando?

¿Se había plegado a la disciplina padillista esperando el momento?

Más allá de la especulación, resulta esclarecedor indagar en la admiración que Briseño sentía por un personaje de la historia política reciente en el país y con el cual además se identificaba.

Se trata de Luis Donaldo Colosio. Colosio era también una hechura completa de su líder político, en este caso Carlos Salinas de Gortari, quien había tutelado su carrera política completa, llevándolo hasta la candidatura presidencial del PRI.

Lo había hecho senador para darle cuerpo político y presidente del PRI para fortalecer sus relaciones con los liderazgos partidistas regionales; lo había convertido en el titular de la secretaría de Estado —la SEDESOL— que creó para capitalizar políticamente el trabajo entre las comunidades marginadas en todo el país realizado por el Programa Nacional de Solidaridad.

Lo había convertido en el candidato presidencial del PRI, para beneplácito de todos (excepto Manuel Camacho, claro, y sus seguidores).

Y en el último momento, había jugado a la ambigüedad —Salinas— alimentando las aspiraciones presidenciales de Camacho haciéndolo vocero del gobierno frente al EZLN, ya con Colosio como candidato del PRI.

Por eso también Colosio marcaría distancia respecto al salinismo con un discurso, el pronunciado el 6 de marzo de 1994, con motivo del 65 aniversario del PRI.

Días después, el 23 de marzo, Colosio es asesinado por un asesino solitario, de acuerdo con reiteradas versiones oficiales.

Briseño se miraba a sí mismo en esa historia trágica. Quién sabe si preveía un final igualmente triste.

La Corte de Justicia a la que recurrió resolvió en contra de la pretensión del rector depuesto de ser restituido. En sus últimos días, Carlos Briseño trataba de sonar optimista. Había conseguido que amigos suyos de la ciudad de México le abrieran espacio en la Comisión Federal de Electricidad. Su formación profesional no le permitía ser gerente regional de la CFE, de Jalisco y Nayarit, al no ser ingeniero, pero le habían creado un puesto especialmente para él. Jefatura de gerentes regionales.

Estaba a punto de tomar el cargo.

El 19 de noviembre de 2009 regresaba de la ciudad de México con esa noticia. Llega al aeropuerto, recoge su camioneta y conduce a su domicilio, en buen ánimo. Recibe una llamada en su celular que lo perturba. Debía mucho dinero, que había tomado prestado para su juicio, para su pelea en tribunales, para mantener su tren de vida. Cuando llega a su casa está muy pensativo. Se encierra en su baño. Toma un arma. Se quita la vida.

La camarilla de universitarios que creció políticamente bajo el liderazgo de Raúl Padilla desde su juventud, y que eventualmente le arrebataron a Álvaro Ramírez Ladewig y la FEG el control de la Universidad de Guadalajara, encontraron en la película clásica de Francis Ford Coppola, El Padrino, por aquellos años de los setenta, el arquetipo de muchas de las prácticas políticas de esos adolescentes luchando por ascender los estribos del poder.

Hay una escena muy particular en El Padrino II. Frank Pentangeli, manipulado por Hyman Roth, traiciona a su *padrino*, Michael Corleone. Cuando se da cuenta que fue engañado, en prisión, recibe la visita del *consigliere* de la familia, Tom Hagen, quien le ofrece una salida digna.

"Se iban a casa y se sentaban en un baño caliente, y abrían sus venas, y sangraban hasta la muerte. A veces hacían una pequeña fiesta antes de hacerlo."

" No te preocupes por nada, Frankie Five-Angels."

"Gracias, Tom. Gracias."

Quizás —solo quizás— el suicidio de Carlos Briseño fue el último mensaje —la última súplica, el último sacrificio— que le envío a su líder, a su amigo. Al que le entregó todo y de quien recibió todo. Quizás, sólo quizás. Cómo saberlo.

Agosto, de 2017.

Las entrañas del león negro
se terminó de imprimir en agosto de 2017
Guadalajara, Jalisco

www.ingramcontent.com/pod-product-compliance
Lightning Source LLC
Chambersburg PA
CBHW051306250726
48656CB00004B/1501